ACULTÉ DE DROIT DE TOULOUSE.

THÈSE

POUR

LE DOCTORAT

PRÉSENTÉE ET SOUTENUE

Par M. Charles de RAYMOND-CAHUSAC.

TOULOUSE ,
Imprimerie Gibrac OUVRIERS RÉUNIS,
Rue Saint-Pantaléon . 3.
1855.

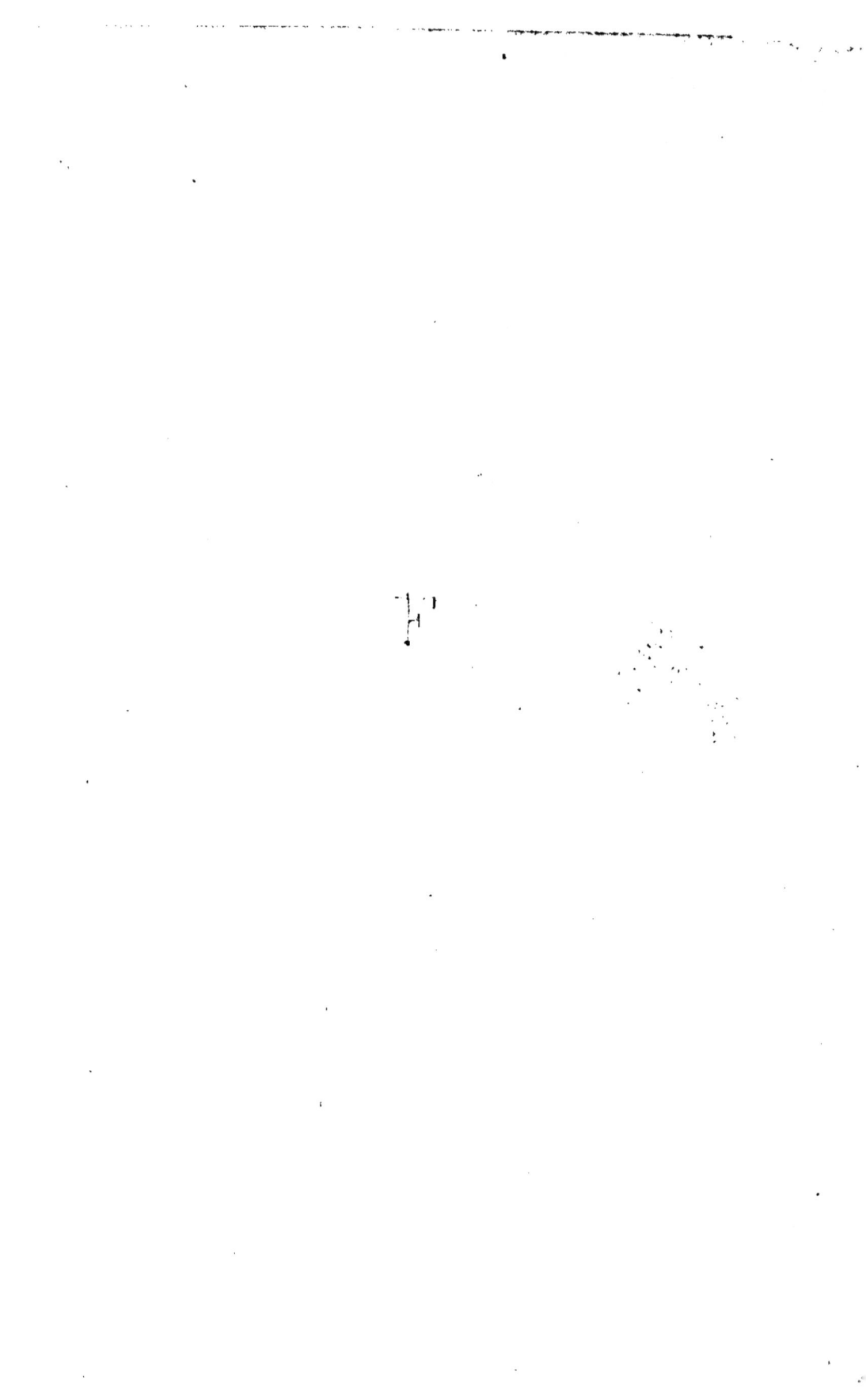

FACULTÉ DE DROIT DE TOULOUSE.

THÈSE

POUR

LE DOCTORAT

PRÉSENTÉE ET SOUTENUE

Par M. CHARLES de **RAYMOND-CAHUSAC.**

TOULOUSE ,
Imprimerie Gibrac OUVRIERS RÉUNIS ,
Rue Saint-Pantaléon , 3.

1855.

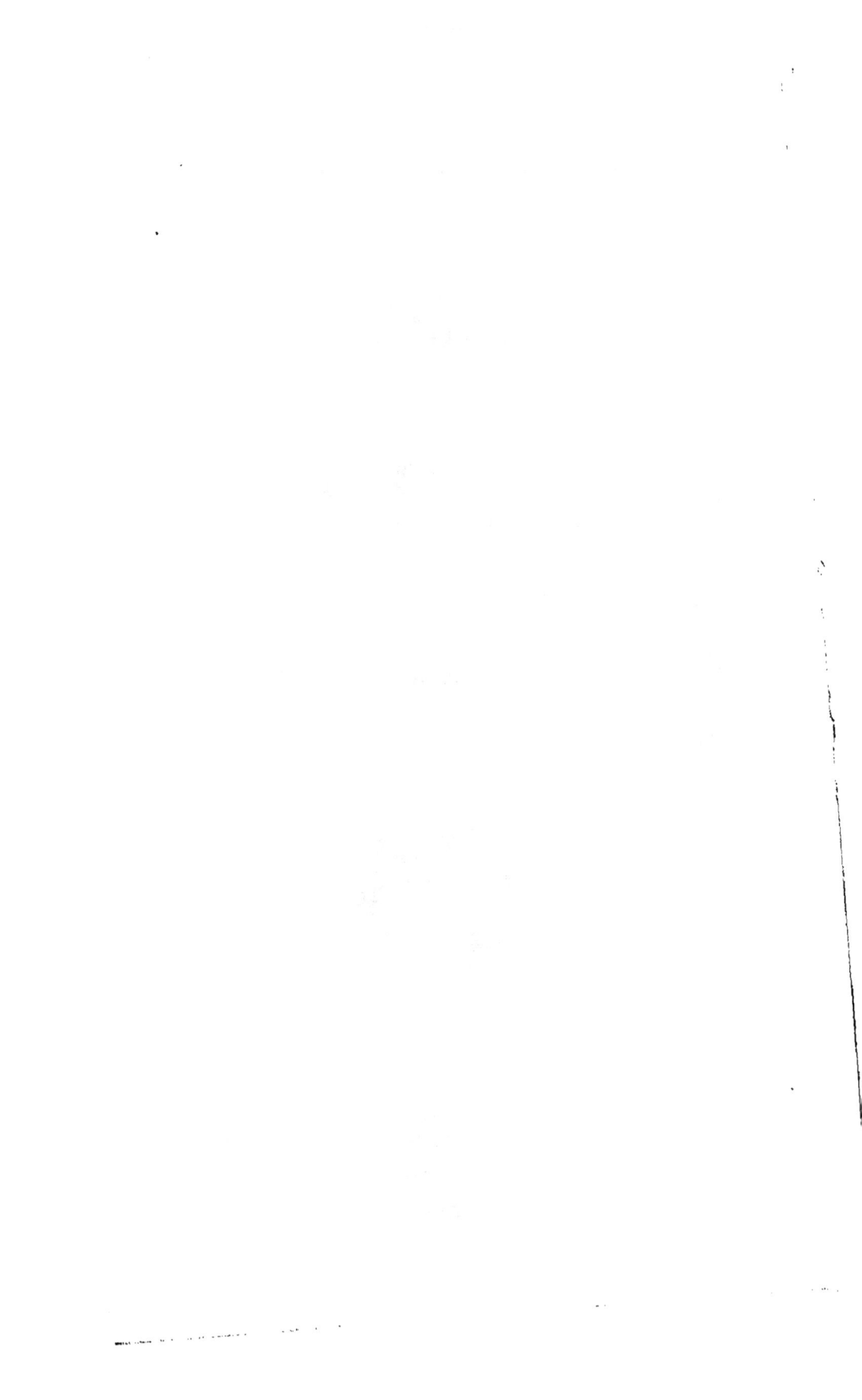

DROIT ROMAIN.

———◦—◍—◦———

DES FIDÉI-COMMIS.

ORIGINE DES FIDÉI-COMMIS.

———◦—◦———

I. La propriété est le droit d'user, de jouir, de disposer ; c'est par l'exercice de ces trois facultés légales qu'elle se manifeste, et, en vertu d'un principe universellement reconnu, l'homme peut disposer de son patrimoine pour le temps où il ne sera plus. Si c'est là un des plus nobles priviléges du droit de propriété, c'est aussi un des plus dangereux, et Rome, dans ses premiers siècles, ne l'admettait pas encore ; la loi qui protégeait le citoyen désignait alors l'héritier destiné à continuer sa personne et à recueillir les droits qui s'éteignaient avec lui. Les législateurs des XII Tables comprirent cependant qu'à ses derniers moments un citoyen ne devait pas être privé du *commerce des bien-*

faits (1); à côté de la loi générale ils établirent l'exception, en refusant toutefois de la présumer jamais, et
pour qu'il ne pût être dérogé au principe national, sans
que la nation tout entière fût avertie, on imagina les
formes solennelles du testament *calatis comitiis*, *in pro-
cinctu*, *per æs et libram;* on les environna de nullités sans
nombre, grâce auxquelles l'ancien droit sur les successions *ab intestat* reprenait souvent l'empire que lui avait
enlevé le droit nouveau.

Dans cet état de choses, les biens d'un défunt passent
à son successeur ou en masse ou par objets particuliers;
au premier cas, le successeur est universel; au second,
il est à titre particulier. Le successeur prend le nom
d'héritier, lorsque ses droits à l'universalité résultent d'un
testament ou du droit civil, celui de légataire, lorsqu'il
reçoit une libéralité à titre particulier d'un testament
ou d'un codicille confirmé par testament, conformément
aux prescriptions du droit civil. Mais si les biens passent
au successeur non plus selon le droit civil, ni avec les
formes qu'il ordonne, mais uniquement par la volonté
du défunt et seulement en vertu de la bonne foi et de
l'équité, ce successeur, soit universel, soit à titre particulier, prend le nom de *fidéi-commissaire. Legatum est*,
dit Ulpien, *quod legis modo, id est imperative testamento
relinquitur, nam ea quæ precativo modo relinquuntur fidei-
commissa vocantur* (2). Le fidéi-commis procède donc, non
de la rigueur du droit, mais uniquement de la volonté
du testateur.

(1) Montesquieu, livre 27, *Esprit des Lois.*
(2) Ulpiani regul. tit. 24, § 1.

Nous venons de dire que le droit civil multipliait les incapacités en matière de testament, et l'on conçoit que l'influence politique du régime et de la transmission des biens ait préoccupé le législateur; car, à la transmission des biens se rattachaient les vieilles prérogatives du patriciat, les traditions, l'organisation sociale, les mœurs antiques. Nul ne peut tester s'il n'est capable de droit, c'est-à-dire, citoyen romain et chef de famille ; capable de fait, c'est-à-dire jouissant de l'*animi judicium;* la langue latine est seule digne d'exprimer sa volonté (1), encore ne faut-il pas qu'il change un seul mot aux formules consacrées. Veut-il reconnaître un service, qu'il institue un héritier, qu'il le crée pour l'avoir à ses ordres et pour le charger d'acquitter, avec le legs qu'il met à sa charge, la dette de la reconnaissance; un héritier *ab intestat* lui désobéirait impunément ; et il est contraire aux principes du droit qu'un légataire soit chargé de transmettre une récompense ou un souvenir ; un testament est donc presque toujours nécessaire. Le cercle des personnes auxquelles il est permis de laisser est bien étroit; nul ne peut recevoir s'il n'est citoyen et si, outre la capacité d'être désigné, capacité nécessaire au moment de la confection du testament, il n'a celle de recueillir *jus capiendi* au moment où doit être acquise l'hérédité. Les Pérégrins, habitants des provinces romaines, amis, bienfaiteurs, peut-être cognats d'un citoyen, ne pouvaient pas même être désignés ; une femme, fût-elle citoyenne, était écartée par la loi *Voconia* (2) de la succession d'un testateur riche de cent

(1) Ulp. reg. 25, § 9.
(2) An 585 de Rome. *V.* Gaïus II, §274. Paul sent. IV, 8, 22.

mille as ; la loi *Cornelia* (1) défendait de rien léguer à
un proscrit ; toute personne incertaine : les posthumes
externes, les municipalités, les colléges, les pauvres,
les dieux étaient exclus. Après les grandes guerres de la
République, quand il s'agit d'enrichir   trésor et de
repeupler l'Italie en favorisant les mariages, les lois
Ælia-Sentia, Junia Norbana, Julia (2) et *Papia-Pappœa*
créèrent de nouvelles classes d'incapables : les céliba-
taires (*cœlibes*), les pères sans enfants (*orbi*), les Latins-
Juniens qui pouvaient être désignés mais non recueillir ;
d'autres encore.

II. Il fallait alors, pour gratifier un incapable, essayer
indirectement ce qu'il n'était pas permis de faire directement : disposer en faveur d'un citoyen capable de
recevoir et le prier, on n'avait pas le droit d'être plus
impérieux, de restituer ce qu'il recevait à l'incapable
qu'on voulait enrichir ; le citoyen romain se consolait
de mourir loin de sa patrie, sans avoir réuni, pour entendre son testament, le nombre de témoins fixé par la
loi civile, quand il avait pu confier ses dernières volontés à la bonne foi d'un ami intéressé dans sa succession :
cet homme de confiance jurait par Jupiter, par les Dieux-
Lares, par son propre salut, par la vie ou par le salut de
l'Empereur, qu'il accomplirait ces volontés sacrées.

Telle fut l'origine des fidéi-commis ; nés du droit
naturel et de l'équité, ils étaient destinés à faire
pénétrer l'un et l'autre dans le système des successions testamentaires : dégager la volonté des mou-

(1) Cic. in Verr. II. 1 , 47.
(2) Gaius II. 275.

rants des mille formes qui l'enveloppaient, lui permettre de se manifester dans toutes les langues, suppléer au vice des situations, c'était renverser tous les principes, substituer l'équité à la loi et la raison morale à la raison politique. D'abord, aucune action n'assurait l'exécution de dispositions ainsi faites (1); la bonne foi militait seule en faveur de cette innovation prohibée; mais l'esprit public venait au secours de la bonne foi; déjà, du temps de la jeunesse de Cicéron (2), les conseils d'amis ne réprouvaient plus que les fidéi-commis contraires au texte des lois; encore les hommes probes soutenaient-ils qu'on devait les exécuter, et le Préteur, qui laissait grandir à l'ombre de son tribunal cette institution libérale, flétrissait de son blâme le citoyen qui, pour éviter d'accomplir un fidéi-commis, se retranchait derrière la rigueur des lois (3).

Auguste, cédant à l'entraînement de l'esprit public, ordonna dans quelques cas particuliers l'exécution de certains fidéi-commis : *Primus divus Augustus semel iterumque gratiâ personarum motus, vel quia per ipsius salutem rogatus quis diceretur, aut ob insignem quorumdam perfidiam jussit consulibus auctoritatem suam interponere* (4). Bientôt, pour généraliser cette mesure juste et populaire, pour la régulariser par l'établissement d'une juridiction permanente, un Préteur spécial fut créé, sous le nom de Préteur fidéi-commissaire. La poursuite des fidéi-commis, autorisée d'abord à une seule époque de l'année

(1) Inst. II, 23, § 1.
(2) Cic. de fin. bon. II, 17, 18.
(3) Cic. in Verr. II, 1, 47.
(4) Inst. II, 23. 1.

et seulement devant les magistrats de Rome, fut bientôt permise pendant toute l'année et pour toute l'étendue de l'empire; mais aucune action civile ne lui étant accordée, le fidéi-commissaire s'adressait simplement au magistrat, qui statuait lui-même *extrà ordinem* (1). Au reste, la réaction ne se fit pas longtemps attendre. Sous Vespasien, le sénatus-consulte Trébellien soumit les fidéi-commis, comme les legs et les institutions d'héritier, aux dispositions des lois *Julia* et *Papia-Poppœa* qui regardaient les *cælibes* et les *orbi;* un sénatus-consulte défendit, pendant le règne d'Adrien, de léguer par fidéi-commis à des pérégrins, à des personnes incertaines, à des posthumes externes (2) ou à titre de peine; l'on en vint insensiblement à exiger pour les fidéi-commis la même capacité que pour les legs; à peine les Latins-Juniens, capables de tester, mais incapables de recevoir par testament, furent-ils admis, moyennant certaines conditions, au bénéfice des fidéi-commis. (3) Toutefois ce principe que les fidéi-commis étaient dérivés non de la loi, mais de la volonté du testateur, restait debout, et l'on continuait à les exécuter plus largement.

III. Sous le droit des Pandectes, l'affinité entre les legs et les fidéi-commis est grande; il existe pourtant entre ces deux manières de disposer des différences profondes quant aux règles qui les régissent et quant aux effets qu'elles produisent.

Quant aux règles qui les régissent :

1º Le legs et l'institution d'héritier ne sont possibles

_____

(1) Ulp. reg. 25, § 12. — Gaïus II, 278.
(2) Gaïus II, 284, 285, 287.
(3) Ulp. reg. 25, §§ 6, 7. — Gaïus I, 25, II, 275.

que dans un testament ou dans un codicille confirmé par testament; un fidéi-commis peut être laissé, même par celui qui décède *intestat*, ou dans un codicille non confirmé (1).

2º Dans les institutions ou les legs, la langue latine est seule permise ; tout idiôme peut être employé dans les fidéi-commis (2).

La formule du legs est impérative et toujours obligatoire pour l'héritier institué ; celle du fidéi-commis est précative (3).

Tout legs inscrit avant l'institution d'héritier est nul; il en est autrement des fidéi-commis ;

3º Un assez grand nombre de personnes étaient privées du bénéfice des legs, sans être exclues des fidéi-commis. Toutefois, cette différence était affaiblie quand Ulpien écrivait : *Fidei-commissa dari possunt his quibus legari potest* (4);

4º Un legs ne peut être mis qu'à la charge de l'héritier, *à legatario legari non potest ;* un fidéi-commis peut être imposé à quiconque reçoit quelque chose du défunt : à l'héritier institué ou *ab intestat*, au légataire et même au fidéi-commissaire (5);

5º Une institution d'héritier ne peut être à terme; il en est autrement d'un fidéi-commis universel.

Quant aux effets qu'elles produisent :

(1) Gaïus II, 268 à 270.
(2) 76, 281, 185.
(3) Ulp. reg. 25, § 1.
(4)   *Id.*   6.
(5) Gaïus II, 71.

1º Un fidéi-commis ne transfère jamais la propriété (1); un legs *per vindicationem*, rend le légataire propriétaire, sans tradition de la part de l'héritier ;

2º Le legs *per damnationem* lui-même, produit une action *ex testamento* soumise aux formes ordinaires ; pour obtenir l'exécution d'un fidéi-commis, on s'adresse au Préteur fidéi-commissaire qui statue *extrà ordinem* (2).

Il était important, nous le voyons, de distinguer ces deux institutions si analogues et si différentes. Leur affinité augmenta encore quand les empereurs Constantin, Constance et Constant eurent affranchi les legs de la rigueur des termes.

Les fidéi-commis furent donc légitimés par le Droit Romain, mais, avec des règles, ils reçurent des limites ; considérés comme des legs du droit des gens , ils perdirent insensiblement leur physionomie primitive pour se rapprocher des legs ; cependant l'assimilation ne dut jamais être telle qu'on pût toujours considérer indistinctement un fidéi-commis comme un legs , ou un legs comme un fidéi-commis, et même quand l'empereur Justinien eut ramené à la forme du legs *per damnationem* les quatre sortes de legs , et attaché au fidéi-commis toutes les actions accordées aux legs, parce qu'il était devenu difficile de distinguer les uns des autres (3), ces mots de Tribonien : *Per omnia exæquata sunt legata fidei-commissis*, étaient peut-être une métaphore. Entre ces deux manières de disposer, restaient probablement quel-

(1) Paul IV, 1, 18.
(2) Gaius II, 278, 283.
(3) L. 2, C. 6, 43. — Inst. II, 20, 3.

ques différences résultant de leur nature particulière : l'esclave affranchi par legs (et Schader pense que cette différence était la seule), était véritablement *orcinus* affranchi du défunt ; l'esclave affranchi par fidéi-commis était seulement l'esclave de l'héritier institué.

CHAPITRE PREMIER.

CARACTÈRE ET ESSENCE DU FIDÉI-COMMIS.

Celui qui veut enfreindre la loi se confie nécessairement à la conscience, à la foi de l'ami qu'il a choisi pour exécuter ses dernières volontés *fidei-committit;* il le prie, quelquefois il lui commande ; les mots *rogo, peto, volo, mando, deprecor, cupio, injungo, desidero, impero* (1), expressions de la volonté ou du désir, doivent être obéis. Selon les cas, le fidéi-commis correspond exactement aux legs ou aux institutions d'héritier : aux institutions, lorsqu'il a pour objet l'ensemble ou une quote-part de l'hérédité ; aux legs, lorsque son objet est toute autre chose déterminée quant à son genre, son espèce, son individualité ; au premier cas, le fidéi-commissaire est à la place d'un héritier ; au second, il est considéré comme légataire.

§ 1er.

Définition du fidéi-commis.

Les notions que nous venons de donner nous per-

(1) Paul IV, 1, 6.

mettent de définir le fidéi-commis : c'est l'acte en vertu
duquel, sans égard au Droit civil et par le seul effet de
la volonté d'un mourant , l'héritier venant à sa succession, doit en remettre tout ou partie à un tiers envers
lequel l'équité seule l'oblige.

Tout fidéi-commis suppose donc le concours de trois
personnes : 1o l'auteur du fidéi-commis (*fidei-commit-
tens*); 2e l'héritier grevé de restitution (*fiduciarius*);
c'est lui qui sert d'intermédiaire entre le disposant et la
personne gratifiée ; 3o celui en faveur duquel la restitution doit être faite (*fidei-commissarius*).

§ 2.

Forme du fidéi-commis.

No 1. — *Volonté de laisser par fidéi-commis ; sa déclaration.*

Le fidéi-commis n'est astreint à aucune forme spéciale ; il suffit qu'il contienne une déclaration formelle
de la volonté du testateur et que cette volonté soit
constante, quant à la chose laissée et quant à la personne qui doit la recevoir.

1o *Quant à la chose;* si celui qui veut léguer une chose
en énonce une autre, le fidéi-commis est nul; le fidéi-commissaire n'aura ni la chose énoncée, puisque le testateur
n'a pas voulu la lui léguer, ni la chose que le testateur
voulait lui léguer, puisqu'en fait, il ne l'a pas léguée :
*Neque id dicit quod vox significat quia non vult, neque id
quod vult, quia id non loquitur* (1). Mais, pour empêcher

(1) L. 9, 5. D. 28, 5.

le fidéi-commis de valoir, il faut que l'erreur porte sur
le fond et non pas seulement sur le nom de la chose. Celui
qui lègue plus qu'il n'a voulu ou moins qu'il n'a voulu,
est censé ne léguer que la moindre quantité. Le fidéi-
commis, comme le legs, est sans effet, si l'on ne peut
distinguer quelle chose le testateur a voulu léguer;
mais il vaudra toutes les fois que, par un moyen quelconque, on pourra découvrir quelle est cette chose; et si
le testateur a légué l'une de plusieurs choses semblables,
sans la désigner individuellement, l'héritier devra choisir celle qu'il voudra délivrer (1);

2o *Quant à la personne;* elle doit être individuellement désignée d'une manière certaine, et si le fidéi-
commis est laissé sans désignation de personne; mais
avec l'indication de celles parmi lesquelles le fidéi-
commissaire devra être choisi, l'héritier pourra refuser
de s'acquitter envers aucune de ces personnes; et s'il
s'acquitte envers l'une d'elles, les autres n'auront pas
à se plaindre (2). Au reste, il suffit que la volonté du
testateur soit exécutable ; peu importe comment.

Il n'y a donc pas d'expression sacramentelle, comme
pour les legs; il n'est pas nécessaire que le fiduciaire
soit chargé, en termes exprès, de remettre l'hérédité, ni
que le testateur s'adresse directement au fidéi-commissaire, bien que, dans le legs *per damnationem,* le légataire dût être directement interpellé. Les mots *erunt
hæc tua* ou *sufficiunt tibi vineæ, fundus;* ou ceux-ci, *con-
tentus esto illâ re,* adressés à la personne à laquelle on
veut laisser, contiennent un fidéi-commis. S'il n'est pas

(1) L. 37, 1. D. 30, 1.
(2) L. 8, 3. D. 31, 1.

nécessaire de s'adresser directement au fidéi-commissaire, à plus forte raison vaudra la formule qui charge
d'un fidéi-commis le tuteur vrai ou supposé de ce fidéi-
commissaire. Un conseil, un désir, une espérance, ex-
primés à l'héritier, la fausse déclaration d'une dette ;
l'ordre de restituer une chose à quelqu'un, sous le faux
prétexte qu'elle lui appartient ; le fait d'enlever ou de
donner une succession dans un acte par lequel il n'est
permis ni de la donner, ni de l'enlever, renferment un
fidéi-commis.

No 2. — *Dans quels actes et en quels termes un fidéi-commis
peut être fait.*

Dans l'origine, un fidéi-commis n'était recommandé
qu'à l'héritier testamentaire. Le sénatus-consulte Trébellien n'avait pas prévu d'autre cas (1). Aussi, sous
le règne d'Adrien, le jurisconsulte Julien se demandait-
il s'il en pouvait être autrement : mais déjà, sous An-
tonin-le-Pieux, on ne doutait plus qu'un fidéi-commis pût
être imposé à l'héritier *ab intestat* (2), et l'on appliquait
dans ce cas, les sénatus-consultes Trébellien et Pégasien, dont nous parlerons un peu plus loin. Le
fidéi-commis pouvait même être fait avant l'institution
de l'héritier, après la mort de l'héritier, dans un codicille
non confirmé, dans une lettre, comme il aurait pu l'être
dans un testament : cependant, contenu dans un testament, il suivait la loi de cet acte ; si le testament était

(1) L. 6, 1. D. 36, 1.
(2) L. 18. D. 35, 2.

nul, le fidéi-commis demeurait sans effet, à moins que le testateur n'eût expressément témoigné une volonté contraire, en appelant le fidéi-commissaire à défaut des héritiers testamentaires, en faisant jurer au fiduciaire d'accomplir ses volontés ou que cela ne dût s'induire de l'étroite affection qui unissait le fidéi-commissaire au défunt (1). Peu importe qu'un fidéi-commis soit énoncé en grec, en latin, en carthaginois, en gaulois, en toute autre langue, il peut résulter d'un mot, d'un geste, de moins que cela : un signe de tête fait devant témoins suffit, si celui qui l'a fait peut parler ou n'en est empêché que par maladie : une simple induction suffira si les circonstances la rendent vraisemblable.

Cependant il serait dangereux d'exagérer ce système d'induction : de pures énonciations d'un fait passé, de simples recommandations, des faits incertains n'obligent pas l'héritier. D'après le jurisconsulte Paul (2), les mots : *Relinquo* et *commendo* ne produisent pas d'action ; et si l'on a peu d'égard aux termes employés et aux mots omis, lorsqu'il est facile de saisir le sens, au moins faut-il que le sens accuse une volonté certaine.

III. L'exécution volontaire d'un fidéi-commis en couvre tous les vices, sans que l'héritier qui l'a commencée puisse se dispenser de l'achever, ni répéter ce qu'il aurait déjà payé, à moins qu'il ne se fonde sur une erreur de fait.

---

(1) L. 38. D. 40, 5.
(2) Sent. IV. 1. § 6.

N° 3. — *Quelques cas particuliers.*

Si un testateur, ayant institué plusieurs héritiers, charge l'un d'eux, par fidéi-commis, de remettre la part qu'il reçoit à tel autre qu'il lui plaira de choisir, cet héritier grevé aura le choix. Un semblable fidéi-commis peut être laissé ou purement et simplement à celui que cet héritier aura choisi, ou à celui qu'il choisira en mourant. Dans ce dernier cas, le legs ne sera dû qu'à partir du décès de l'héritier; mais il sera dû à tous ses cohéritiers survivants.

Si un père, en mourant, laisse par fidéi-commis à ceux de ses enfants, dont la mère aura été satisfaite, pour être admis à ce legs, il suffira de prouver qu'on ne l'a pas offensée.

Certains fidéi-commis s'induisent de la défense d'aliéner, quand elle est motivée, et désigne la personne en faveur de laquelle la défense est faite. Cette défense est-elle pure et simple, toute aliénation ouvre le fidéi-commis; est-elle subordonnée à cette condition : *quoad vives*, il ne sera ouvert que par les aliénations entre-vifs.

En un mot, pour que l'aliénation ouvre le fidéi-commis, il faut qu'elle soit directement contraire à l'intention évidente du testateur.

Nul doute qu'un fidéi-commis ne puisse avoir des objets fort divers. Les choses peuvent être léguées à titre singulier ou en masse ; si je lègue l'hérédité que je viens d'acquérir, relativement à la chose léguée, ce legs sera universel, relativement à moi, il sera particulier.

Le fidéi-commis peut porter sur l'usufruit, le revenu, l'usage, l'habitation, des services, des servitudes, un genre, une quantité, un fonds avec ou sans les objets qui le garnissent, une pécule, des provisions, des meubles meublants, des aliments, de l'or, de l'argenterie, des bijoux, comme pourrait le faire un legs ; il peut autoriser une femme à prélever sa dot sur la succession de son mari, remettre à un débiteur sa dette en le dispensant de rendre ses comptes. Nous n'examinerons pas ces espèces différentes, dont le détail n'aurait pas de bornes.

§ 3.

Capacité de disposer par fidéi-commis.

Le droit des Pandectes ne permettant le fidéi-commis que dans les testaments, refusa la faculté de disposer ainsi à quiconque n'avait pas la *faction active* du testament ; les fils de famille, s'ils n'étaient militaires ou vétérans, ceux qui étaient privés de l'usage de l'eau et du feu, les déportés, les malfaiteurs sous le coup d'une peine capitale, ne purent donc pas l'exercer. Au reste, le fidéi-commis fait par un incapable est validé si, devenu capable, il le renouvelle.

§ 4.

Capacité de recevoir par fidéi-commis.

Toutes les personnes auxquelles la loi permet de

recevoir par testament et quelques autres auxquelles la *faction passive* du testament est refusée, peuvent recevoir à titre de fidéi-commis ; et, sous ce rapport, le fidéi-commis diffère profondément du legs. Ainsi, l'on peut laisser par fidéi-commis, même à une femme exclue par la loi Voconia, à un Latin-Junien, à un proscrit, etc. Mais on ne peut laisser à ceux qui ne participent ni par eux-mêmes, ni par d'autres, aux avantages du droit civil, aux captifs, aux personnes incertaines, à moins qu'elles ne fassent partie d'un certain nombre de personnes déterminées ou que le legs qui leur est destiné ne soit une condition ; au reste, on peut léguer un fidéi-commis à une ville ou à un quartier de ville toutes les fois que l'universalité à laquelle il s'adresse est reconnue ; on peut laisser par fidéi-commis aux pauvres, pour la rédemption des captifs et généralement aux œuvres pies (1). On peut charger d'un fidéi-commis un héritier en faveur d'un autre héritier, un légataire en faveur d'un autre légataire ; mais nul ne peut être chargé de rien remettre à lui-même. On ne peut ni léguer, ni laisser par fidéi-commis à son propre esclave, si ce n'est à titre d'aliments, ou avec la liberté, ou en léguant cet esclave à autrui. Le fidéi-commis qu'on laisse à son esclave, en le léguant, est valable pour le tout, le legs de l'esclave ne valût-il que pour partie. Le fidéi-commis que laisse à un esclave l'un de ses co-propriétaires, vaudra toujours, qu'il soit fait avec la liberté ou sans la liberté : au premier cas, il profitera à l'esclave lui-même ; au second, il sera recueilli par les co-propriétaires du testateur. Nul doute qu'on ne puisse encore laisser par fidéi-commis au

_____

(1) L. 24, C. 1, 3.

fils de famille, à l'esclave d'autrui, au posthume, au
sourd, et peu importe qu'ils acquièrent pour le temps
où ils seront devenus *sui juris*, ou qu'ils enrichissent
celui sous la puissance duquel ils sont placés. On peut
léguer par fidéi-commis aux *orbi*, aux *cœlibes*, aux Latins-
Juniens, bien que le legs fait en leur faveur fût acquis
au fisc si, dans certains délais, ils n'avaient pas rempli
les conditions imposées. Les constitutions des empereurs
chrétiens défendent au citoyen de rien laisser à sa con-
cubine ou à ses enfants naturels, tantôt d'une manière
absolue, tantôt au-dessus de certaines limites. Justinien,
abrogeant le droit des Pandectes, quant aux personnes
incertaines, permet d'instituer par fidéi-commis même
un posthume externe.

§ 5.

Charge de restituer.

N. 1. — *Quelles personnes peuvent être grevées de fidéi-commis.*

Celui-là seul peut être chargé de restituer auquel la
chose doit revenir à la mort du testateur, qu'il soit héritier, légataire, fidéi-commissaire, donataire à cause
de mort, ou grevé sous forme de condition, ou chargé
d'acquitter une dette du défunt, et cela, soit qu'on lui
ait laissé un objet quelconque, soit qu'on ait omis de lui
enlever ce qui lui revenait de droit. Peuvent être chargés
de restituer, l'héritier légitime et celui à qui le Préteur
accorde la possession de biens *ab intestat*, le possesseur de
biens, même d'un degré plus éloigné, le patron, le fisc,

celui qui acquiert l'hérédité pour autrui (c'est alors le véritable bénéficiaire qui est chargé du fidéi-commis), l'héritier de l'héritier, celui du légataire, mais non l'héritier
qu'on a déshérité, ni celui auquel on n'a rien laissé, ni
le substitué ou son héritier, à moins que ce substitué
n'obtienne la possession dans un degré inférieur. Peu
importe que l'héritier grevé de restitution soit en état
de comprendre la restitution dont il est grevé, il se pourrait même qu'il fût à naître.

Nº 2. — *Jusqu'à quel point on peut être grevé.*

Nul ne peut être tenu, en vertu d'un fidéi-commis,
à restituer plus qu'il n'a reçu. Ce qui a été reçu comprend les fruits ou intérêts qu'aurait pu percevoir le fiduciaire jusqu'au moment où il paie le fidéi-commis (1) ;
mais ne s'estime que déduction faite des charges, sans
qu'il soit permis de faire entrer en ligne de compte, ni
un legs nul, ni la liberté, chose d'un prix inap-
préciable, ni le droit de patronage, ni certains services, ni les choses léguées à titre de paiement, quand
ce paiement ne procure pas d'autre avantage que la différence d'action. Quand la libéralité n'est pas obtenue par
celui auquel elle est destinée, l'héritier cède ses actions
au fidéi-commissaire pour se la procurer ; et si le legs
lui parvient, c'est à charge de le restituer sur-le-
champ.

Quant à la quotité de la restitution, malgré les
variations de la jurisprudence, il fut constamment

_____

(1) L. 70, 2. D. 31.

permis au testateur de charger le fiduciaire d'une
restitution totale ou partielle de la portion pour laquelle il était institué, cette règle n'ébranlait pas le principe qui permettait à un citoyen , mourant intestat, de
léguer son hérédité par fidéi-commis. Dans ce cas ,
l'héritier légitime chargé de rendre était censé tenir l'hérédité de la libéralité du défunt , par cela seul que ce
défunt, qui pouvait la lui enlever en instituant un étranger ou le réduire à sa légitime , ne l'avait pas fait : *idèò
fidéi-commissa dari possunt ab intestato succedentibus ,
quoniam creditur paterfamilias sponte suâ his relinquere
legitimam hœreditatem.*

Rien n'empêche qu'un fidéi-commis soit à terme ou
conditionnel ; nous n'avons pas à insister sur ce point ;
on conçoit que le disposant ait le droit d'apposer à sa
libéralité un terme, une condition pour suspendre ou
retarder le droit du fidéi-commissaire , une charge quelconque.

§ 6.

Objet du Fidéi-Commis.

I. On ne peut laisser par fidéi-commis que des choses
qui sont dans le commerce à l'égard de toute personne
en général et du fidéi-commissaire en particulier ; une
chose placée hors du commerce ne pouvait dans aucun cas être l'objet d'un fidéi-commis ; la léguer,
ce n'était pas même obliger le fiduciaire à en payer
la valeur ; il en serait toutefois autrement si la chose
n'était hors du commerce que relativement au fiduciaire (2) ; mais si cette chose est hors du commerce

(1) L. 49. 3. D. 31. 2.

relativement au fidél-commissaire , la libéralité est nulle.

Au reste, on peut, par fidél-commis, disposer à titre universel ou à titre particulier de tous les objets dont la loi ne défend par la disposition.

Le fidél-commis à titre particulier , celui par lequel on dispose seulement d'objets particuliers : d'un fonds, d'un esclave, de vêtements , etc. (1), peut être mis indifféremment à la charge de l'héritier ou à celle d'un légataire. Le fidél-commissaire particulier étant considéré comme un légataire, se trouve par là même affranchi des charges de l'hérédité. Lorsqu'on disposait par fidél-commis de la liberté en faveur d'un esclave , cet esclave ne devenait pas *orcinus* affranchi du défunt ; le legs *per vindicationem* pouvait seul lui conférer ce titre ; il avait seulement une action personnelle *ex testamento* contre l'héritier débiteur, du fidél-commis et pouvait l'actionner, parce qu'en cette matière , le Préteur statuait *extrà ordinem*. Si celui qui doit affranchir l'esclave ne peut se le procurer, il est forcé d'attendre l'occasion favorable, car il ne peut lui donner en échange le prix de sa liberté ; mais si le maître de cet esclave est gratifié d'un legs par le même fidél-commis, il ne peut le réclamer, sans consentir à vendre l'esclave à l'héritier.

II. Le fidél-commis peut comprendre tout ce que pourrait embrasser un legs *per damnationem*, c'est-à-dire, s'il est à titre particulier (cela est impossible lorsqu'il est universel), toute chose de nature à être donnée, fût-elle à l'héritier, au légataire, à un fidél-commissaire, à tout autre : comme pour le legs *per damnationem*, on

(1) Inst. II. 24. 1.

admettait qu'il n'était pas permis à l'héritier, si depuis
le testament l'objet avait été aliéné par le testateur, de
paralyser par une exception la demande du fidéi-commissaire, au moins était-ce là l'opinion de Celse; Sévère et
Justinien la consacrèrent. Hypothéquer la chose, ce
n'était pas révoquer la libéralité; si le donateur n'avait
sur la chose léguée qu'un domaine utile, il n'était pas
censé vouloir léguer autre chose. On ne peut laisser
au fidéi-commissaire une chose qui lui appartient, à
moins que ce ne soit pour lui en léguer le prix. Si le fidéi-
commissaire avait acquis cette chose à titre onéreux,
depuis qu'elle lui a été laissée, il pourrait en demander le prix, son patrimoine ayant été diminué
d'autant et le testateur ayant eu l'intention qu'il acquît
cette chose à titre gratuit; si, au contraire, il avait acquis à titre gratuit la chose léguée, le legs serait nul,
l'intention du testateur se trouvant remplie et ce serait le
cas d'appliquer la règle : *duas lucrativas causas in eum-
dem hominem et in eamdem rem concurrere non posse.* Si
la chose n'appartient pas en entier au fidéi-commissaire,
le legs vaut à concurrence de ce qui lui manque. Si
la chose léguée appartient à un étranger, le fiduciaire est
tenu de se la procurer pour la remettre au fidéi-commissaire, et si cela n'est pas possible, de lui en payer la
valeur. Lorsque la chose que doit remettre le fiduciaire
est d'une autre nature que celle qu'il a reçue, il est
censé, en se chargeant de la restituer, reconnaître qu'elle
n'est pas d'une valeur supérieure. Mais s'il devait remettre la chose d'autrui et que le prix de cette chose fût
supérieur à la valeur de celle qu'il a reçue, il ne
serait pas tenu de l'acheter et s'acquitterait en aban-
donnant au fidéi-commissaire ce qu'il retire de l'hé-

rédité, du temps de Gaïus, quelques jurisconsultes, dont l'opinion n'avait pas prévalu, voulaient même que si le propriétaire de la chose léguée refusait de la vendre, le fidéi-commis fût éteint ; au reste, il n'en était pas ainsi des legs, et sous Justinien, il ne pouvait être question d'un semblable résultat.

III. On peut léguer non-seulement une chose, mais le droit de faire une chose, pourvu qu'elle ne soit contraire ni aux lois, ni aux mœurs ; nous en trouvons de nombreux exemples.

§ 7.

Interprétation des fidéi-commis.

L'interprétation du fidéi-commis consiste à rechercher exactement la volonté dont il est l'expression ; on aura peu d'égard au sens technique des mots, s'il est évident que la volonté du testateur leur en donnait un autre ; les clauses ambiguës s'interprètent de manière à produire toujours un effet et dans le sens le plus favorable au fiduciaire, mais en tenant compte de l'affection connue du testateur, et des circonstances ; ainsi le fidéi-commis d'une portion de l'hérédité que devront restituer tous les légataires, n'est pas à la charge de ceux qui ne reçoivent que les aliments. Les dispositions obscures s'éclairent réciproquement ; si elles semblent se contredire, c'est la dernière écrite qui doit être exécutée ; si le fidéi-commis comprend la liberté, la clause la plus favorable à l'affranchissement est celle qui reçoit son effet. Nous ne parlerons ni des clauses d'exception dont l'effet ne se produit que si la chose exceptée existe, ni

de la clause de répétition qui confirme une disposition
nulle, ou transporte à la charge d'un héritier ce dont
un autre était grevé, sans changer les conditions,
ni de la clause de multiplication. Ces détails, qui n'ont
rien de spécial à la matière qui nous occupe, nous en-
traîneraient trop loin.

CHAPITRE II.

EFFETS DES FIDEI-COMMIS.

SECTION Ire.

DE L'ÉCHÉANCE DES FIDÉI-COMMIS, ET DE SES EFFETS EN GÉNÉRAL.

§ Ier.

De l'échéance des fidéi-commis.

I. *Quand elle a lieu*. — Nous ne nous arrêterons
pas beaucoup aux règles du *dies cedit* ou du *dies venit*
mises en vigueur pour les legs. Cette expression *dies
cedit* signifie que le droit au legs est acquis au légataire
de manière à ce que l'héritier soit obligé de l'acquitter,
dès cette époque le legs est transmissible ; celle-ci *dies
venit* désigne le moment où le paiement du legs peut être
exigé. On conçoit que le jour de la naissance du droit
et celui de son exigibilité soient distincts ou confondus
selon les cas.

Le fidéi-commis est transmissible (*dies cedit*) du jour
où le fidéi-commissaire est devenu propriétaire, c'est-

à-dire, dans l'ancien droit, si le fidéi-commis est pur et simple ou soumis à un terme certain, du jour de la mort du testateur, et la loi *Popia-Poppæa*, relative aux legs, n'ayant rien dit des fidéi-commis, Cujas pense qu'en cette matière, le droit ancien dut continuer à les régir (1); à plus forte raison, en fut-il ainsi quand l'abrogation de cette loi eut remis en vigueur le droit primitif; si le fidéi-commis dépend d'une condition, il n'est transmissible, qu'une fois cette condition réalisée, car il ne faut pas qu'un fiduciaire puisse espérer se décharger de l'obligation de restituer, en retardant indéfiniment son adition. Au premier cas, le fidéi-commis est exigible aussitôt après l'adition d'hérédité ou l'échéance du terme; au second cas, il l'est après l'adition si la condition s'est réalisée auparavant, ou à l'accomplissement de cette condition si elle ne s'est accomplie qu'après; mais si la condition est impossible, ou si le Préteur en a dispensé le fidéi-commissaire ou si le fiduciaire a fait tout ce qui dépendait de lui pour l'accomplir, il ne sera pas nécessaire d'attendre plus longtemps.

Telle est la règle générale; mais, pour les fidéi-commis de choses inséparables de la personne à laquelle ils sont laissés, une exception était nécessaire; leur échéance ne date que du jour de l'adition d'hérédité. Ainsi, pour qu'un legs de servitude personnelle soit échu (*dies cedit*), il faut, outre l'adition d'hérédité, l'existence d'une personne à laquelle cette servitude puisse être utile; le legs des choses qui ne passent pas à l'héritier, comme l'usufruit, ne s'ouvre qu'à l'adition, fût-il pur et simple, ou à terme; il en est de même des choses laissées à

(1) Ad. l. un. Cod. 6. 50.

l'esclave du testateur, fût-il affranchi par le testament ;
si cependant la liberté n'a été laissée à cet esclave que
par fidéi-commis , son échéance n'a lieu que lorsqu'il
a été mis en possession de la liberté conformément à ce
fidéi-commis. Les legs annuels, ceux de genre , d'op-
tion, d'alternative, sont régis par des règles spéciales.

II. *Ses effets.*—Du jour de l'échéance, la chose léguée
par fidéi-commis est acquise au fidéi-commissaire ; par
conséquent si le fidéi-commissaire vient à mourir aussitôt après l'échance, son droit tel qu'il le possédait passe
à ses héritiers ; et selon qu'au jour de l'échéance le
fidéi-commissaire est *sui juris* ou *in potestate* , le fidéi-
commis est acquis ou à lui-même ou à celui sous la
puissance duquel il se trouvait placé.

§ 2.

Transmission de la propriété à l'échéance.

La propriété de la chose léguée passe à l'héritier par
l'adition d'hérédité et de lui au fidéi-commissaire , en
vertu de la tradition comme dans le legs *per damnationem*. Si une condition a été apposée, c'est depuis son
accomplissement seulement que la chose est due par
l'héritier ; jusque là , elle n'a point cessé de lui appartenir.

§ 3.

Actions accordées au fiduciaire et au fidéi-commissaire.

I. Les actions accordées aux fidéi-commissaires, ne

sont pas antérieures au siècle d'Auguste ; jusque-là on s'en rapportait seulement à la bonne foi du fiduciaire. Ce prince ordonna aux consuls d'interposer leur autorité ; l'empereur Claude, nous dit Suétone, *jurisdictionem de fidei commissis quotannis et tantum in urbe delegari solitam, in perpetuum atque etiam per provincias potestatibus demandavit.* Bien plus : le même Empereur créa, pour connaître de cette matière, deux Préteurs, mais Titus en supprima un. Le droit des Pandectes n'avait donc pas de formule pour demander la délivrance d'un fidéi-commis ; le magistrat n'en connaissait qu'extraordinairement ; la sagesse des consuls ou du Préteur à Rome, des gouverneurs en province, était la seule garantie possible ; aussi, nous dit Paul : *Jus omne fidei-commissi non in vindicatione, sed in petitione consistit.* Mais quand les fidéi-commis furent assimilés aux legs, on put, s'ils étaient à titre universel, en poursuivre l'exécution par une pétition d'hérédité ; *fidei-commissaria hœreditatis petitio* ou par l'action utile *familiœ erciscundœ.* On obtenait l'exécution des fidéi-commis particuliers comme celle des legs, au moyen de la *rei vindicatio* de l'action *ex testamento* ou de l'action hypothécaire, qui fesait de tous les biens du testateur le gage du légataire et du fidéi-commissaire ; nous dirons peu de chose de ces actions.

II. La *fidei-commissaria hœreditatis petitio* : elle appartient au fidéi-commissaire, nous dit Ulpien, et se donne contre le fiduciaire (1) quel qu'il soit ; quant à celui qui a déjà restitué l'hérédité, elle ne saurait l'atteindre,

(1) L. 1. D. 5. 6.

cette action suit les règles de la pétition d'hérédité ordinaire, c'est une action réelle, car l'hérédité qu'elle
poursuit ne résulte d'aucune obligation créée au profit
du fidéi-commissaire ; elle peut aussi amener des con-
damnations personnelles ; elle s'intente seulement contre
tout possesseur qui manifeste l'intention de contester au
fidéi-commissaire et de conserver pour lui le droit à
l'*universum jus* du défunt, contre ceux qui possèdent
pro hœrede ou *pro possessore*, jamais contre ceux qui
possèdent *pro donato, pro legato, pro empto* ou à tout
autre titre singulier, puisqu'ils ne contestent en rien la
prétention du fidéi-commissaire.

.III. L'action utile *familiœ erciscundœ* permettait d'obtenir le partage de l'hérédité. Le juge adjugeait à chacun
la part qui lui revenait, et, s'il y avait lieu, condam-
nait les héritiers à certaines prestations personnelles les
uns envers les autres.

IV. La *rei vindicatio* permet au fidéi-commissaire de
revendiquer entre les mains de tout possesseur la chose
dont le fidéi-commis lui transfère la propriété ; mais dans
le cas seulement où la propriété aura pu être transférée;
le fidéi-commis, ayant pour objet un démembrement de
la propriété, produirait seulement l'action *confessoire*.

V. L'action hypothécaire résultant du droit de gage
accordé par Justinien au fidéi-commissaire sur tous les
biens que le fiduciaire retirait de la succession, s'accordait dans tous les cas.

VI. L'action personnelle : *actio* ou *condictio ex testamento* obligeait le fiduciaire à la prestation dont il était
personnellement tenu ; elle appartenait au fidéi-commissaire lui-même s'il était *sui juris*, lors de l'échéance,
ou s'il ne l'était pas, à celui sous la puissance duquel il

était placé. Les héritiers des personnes obligées à l'acquittement du fidéi-commis par l'action *ex testamento*
subissent cette action, chacun pour sa part héréditaire
(sans que ceux qui sont solvables aient rien à payer
pour ceux qui ne le sont pas), à moins que le testateur
n'ait imposé la charge du fidéi-commis à certains d'entre
eux, nominativement désignés.

? 4.

De la Délivrance.

I. L'objet de la délivrance ne peut être que l'objet légué.
Or, délivrer la chose léguée, c'est mettre le fidéi-commissaire en pleine possession de cette chose. Elle doit
être délivrée telle qu'elle se trouve au moment de la
demande ; si alors elle était engagée à un créancier,
l'héritier doit la dégager lorsque le testateur, en la léguant, connaissait cette circonstance (1) ; s'il ne la connaissait pas, c'est le fidéi-commissaire, et si le testateur,
en laissant à son héritier la charge de dégager les choses
engagées, ne s'est pas formellement exprimé à l'égard
du fidéi-commis, le fidéi-commissaire poursuivi par les
créanciers gagistes pourra, au moyen d'une exception de
dol, obtenir les actions. Si la chose léguée était engagée
au légataire, il pourrait néanmoins réclamer le montant
de sa dette, à moins qu'il ne fût évident que, par le legs
de la chose engagée, le testateur avait simplement voulu
s'acquitter. Puisque délivrer, c'est mettre le fidéi-com-

(1) Paul Sent. III, 6, 8.

missaire en pleine possession, il est indispensable que l'objet délivré soit affranchi de tout usufruit (1); si l'usufruit de cet objet appartient à un étranger, l'héritier devra le racheter; s'il appartient à l'héritier lui-même, il ne pourra le retenir; toutefois, les autres servitudes continuent de subsister entre le fonds de l'héritier et celui du fidéi-commissaire. Au reste, l'héritier n'est pas tenu de l'éviction, si le testateur a laissé comme sienne une chose qui ne lui appartenait pas (2). — La chose léguée doit être délivrée telle qu'elle est, non pas au moment où elle est léguée, mais à celui où elle est demandée, c'est-à-dire avec les accroissements qui lui sont survenus depuis la mort du testateur et les détériorations qu'elle a subies (3); mais au cas de détérioration, l'héritier fiduciaire ne doit-il rien conserver de l'hérédité, il n'est tenu que du dol. A-t-il le droit de conserver quelque chose, il est tenu de la simple faute; il en sera de même si la détérioration résulte de sa mise en demeure.

II. *A qui* doit être faite la délivrance? au fidéi-com-missaire, et s'il n'est pas *sui juris*, à celui en la puissance duquel il est placé; toutefois, si on lègue au fils de famille, avec cette clause: *ut ipsi solvatur*, le legs vaudra, et si le père se présente, il sera repoussé par l'exception de dol. Si le fidéi-commis est laissé à Titius ou à Seius, au choix de l'héritier, en le délivrant à l'un des deux, il sera libéré (4); l'objet du fidéi-commis peut même

(1) L. 66, 6 D 31, 2.
(2) L. 77, 8 D, 31, 2.
(3) L. 18, D 32, 3.
(4) L. 16 D 31, 2.

être remis à la personne que le testateur a désignée pour accomplir ses dernières volontés., sans qu'on puisse en exiger de sûreté, si elle n'a cessé d'être solvable qu'après la mort du testateur (1).

Quant au lieu de la délivrance, c'est celui où la chose est demandée ; et si elle ne s'y trouve pas , c'est le lieu où elle est au moment de la demande , à moins que le testateur n'ait exprimé son intention à cet égard ou que le fiduciaire n'ait déplacé la chose. Le legs de genre se délivre au lieu où il est demandé , à moins que l'objet légué ne fasse partie d'un ensemble déterminé ; car, dans ce cas, c'est au lieu où se trouve cet ensemble que doit avoir lieu la délivrance. Mais, avant tout , il faut se référer à la volonté du testateur.

III. La chose doit être délivrée au jour de l'adition d'hérédité , s'il n'y a terme ni condition (2) ; il ne faut pourtant pas , en exagérant ce principe, priver l'héritier des délais dont il a besoin pour se procurer de l'argent, ni le forcer à délivrer l'esclave chargé d'une affaire avant son rendement de comptes. Quelquefois , comme le légataire, le fidéi-commissaire peut exiger caution. Nous reviendrons sur ce point. Et si le testament est attaqué comme faux, le président de la province peut ordonner la délivrance du fidéi-commis , moyennant caution, comme il pourrait ordonner celle d'un legs.

IV. Le legs d'une chose comprend toujours les accessoires de cette chose , ce qui la rend utile au légataire (3) ; les fruits perçus et les intérêts échus depuis l'échéance ;

(1) L. 21 , 4 D 31 , 1.
(2) L. 32 D 31 , 2.
(3) L. 2 , 2 D 8 , 5.

ceux qu'aurait perçus l'héritier depuis sa mise en demeure pourraient être réclamés par l'action *ex testamento.*

Ce qu'il faut payer, c'est, en règle, la chose elle-
même, à moins que le fidéi-commis portant sur la
chose d'autrui, il ne soit pas possible de se procurer
cette chose; en pareil cas, sa valeur la remplacera (1).
Quelquefois, ni la chose léguée, ni son prix ne peuvent
être délivrés; il suffit alors que le fiduciaire cède au
fidéi-commissaire l'action qu'il a pour obtenir la chose(2),
tel est le cas où le testateur a légué ce qui lui est dû.
Si le testateur a légué sa chose ou celle de son héritier
et qu'elle ait été mise hors du commerce, sans la faute
de cet héritier, rien n'est dû. Si cependant l'héritier a
reçu une indemnité pour l'éviction qu'il a soufferte,
il doit cette indemnité au fidéi-commissaire. Si la chose
de l'héritier a cessé de lui appartenir, sans être sortie
du commerce et qu'elle puisse être rachetée, l'héritier
est tenu de l'acquérir, à plus forte raison en sera-t-il tenu
si l'éviction résulte de sa faute. Si l'on ignore où est la
chose léguée, cette chose et sa valeur cessent alors d'être
dues, mais l'héritier doit la chercher, et s'il la trouve, la
restituer (3); si cet héritier est coupable, il est poursuivi
par l'action de dol, et si le fait est imputable à son esclave,
une action *in factum* est accordée au fidéi-commissaire
pour obtenir, ou cet esclave en *noxe*, ou une indemnité
sur son pécule. Dans les legs de genre, l'héritier peut
payer ou la chose ou sa valeur (4).

(1) L. 11. 17. D. 32. 3.
(2) L. 39. 3. D. 30. 1.
(3) L. 48. D. 30. 1.
(4) L. 38. 1. D. 34. 2.

Au cas de legs d'un fait, l'héritier, s'il cesse d'accomplir ce fait, y sera contraint; il en est de même du legs d'une faculté, si l'héritier s'oppose à ce qu'elle soit exercée (1).

Le fidéi-commissaire entre les mains duquel se trouve la chose qui lui est léguée, la conserve, sans pouvoir être forcé de la remettre à l'héritier après l'échéance du fidéi-commis. (2)

SECTION II.

EFFETS DU FIDÉI-COMMIS UNIVERSEL.

§ Ier

Diverses espèces de Fidéi-Commis universels.

Le fidéi-commis universel est celui par lequel le testateur prie l'héritier de remettre à un autre tout ou partie de l'hérédité; il se présente sous trois formes différentes :

1° *L'héritier est chargé de remettre l'hérédité ou partie de l'hérédité*. Ce fidéi-commis comprend tous les effets héréditaires, moins ceux que le fidéi-commissaire aurait dérobés ou ceux que l'héritier aurait cessé de posséder sans sa faute (3); s'il n'y a faute lourde de l'héritier, ces effets sont donc aux risques du fidéi-commis-

(1) L. 11. D. 32. 3.
(2) L. 16. C. 6. 37.
(3) Paul. 1. 48. lib. 4.

saire ; si cependant le fiduciaire est un enfant du donateur , à titre de donation *propter nuptias* si c'est un fils,
à titre de dot si c'est une fille , il peut prélever sur le
fidéi-commis certains objets, à concurrence de ce qui
manque à sa légitime (1). Entrent dans le fidéi-commis
les sommes que l'héritier a recouvrées sur les débiteurs de la succession , et celles qu'il lui devait lui-
même. (2)

Ce fidéi-commis ne comprend naturellement ni les
fruits ni les produits casuels des effets héréditaires
perçus avant l'adition d'hérédité, à moins que l'héritier
ne soit spécialement chargé de les restituer, ou de donner
caution , ou qu'il ne soit en demeure. Les intérêts des
sommes dues au défunt en vertu d'une stipulation ,
jusqu'au jour fixé pour la restitution , les loyers dus au
défunt en vertu d'un contrat de location entrent dans
la restitution pour le temps qui précède la mort du
testateur ; pour celui qui la suit jusqu'à la restitution ,
ils sont censés compris sous la dénomination d'hérédité ;
il en est de même, selon Papinien et Ulpien, du part des
esclaves et du croît des troupeaux ; le jurisconsulte Paul
et Nératius (3) sont d'un avis contraire.

Le fidéi-commis de la succession ne comprend pas ce
que l'héritier retire non plus à titre d'héritier, mais
comme légataire ou fidéi-commissaire (4) ; et si on lui
a laissé un legs en le chargeant de restituer sa part de
succession , il ne devra au fidéi-commissaire que la part

(1) Nov. 39. 1.
(2) L. 95. D. 35. 2.
(3) L. 14. 1. D. 22. 1.
(4) LL. 96 et 32. D. 32. 3.

pour laquelle il est grevé et non celle de son cohéritier qui serait venue s'ajouter à la sienne, car cette part de son cohéritier n'est plus celle pour laquelle il était institué. Toutefois, quand le testateur a expressément déterminé la part que doit obtenir le fidéi-commissaire, il peut arriver que pour la compléter, l'héritier soit contraint de restituer ce qu'il a reçu à titre de legs ou de fidéi-commis.

L'héritier peut imputer sur le fidéi-commis les dépenses qu'il a faites pour la vente ou la conservation des effets héréditaires, le prix de ceux de ses propres esclaves qu'il a été forcé d'affranchir pour leur remettre l'hérédité, enfin ce que le testateur lui enjoint de déduire; et comme il peut effectuer ces retenues en argent, si au temps de la restitution, il ne se trouve pas dans la succession d'effet sur lequel il puisse les exercer, le fidéi-commissaire lui devra caution pour le montant de ces retenues.

2o *L'héritier est chargé de remettre ou simplement sa portion ou tout ce qu'il recueillera de l'hérédité.* Il devra restituer même les préciputs qu'il retire (fût-ce à titre de fidéi-commissaire), et qui régulièrement ne seraient pas compris dans le fidéi-commis de la succession ; cependant la femme à qui sa dot est pré-léguée la retiendra, parce que cette dot sera plutôt censée rendue que donnée (1), et l'on ne pourrait non plus faire entrer dans le fidéi-commis ce que le mari a donné entre vifs à sa femme, ni ce que la fille a reçu de son père à titre de dot.

3o *L'héritier est chargé de restituer tout ce qui restera*

(1) L. 18 1. D. 34. 2.

de la succession. Le fidéi-commis ne comprend pas ce dont l'héritier a diminué de bonne foi l'hérédité, les effets héréditaires engagés sans fraude et toutes les autres diminutions exemptes de dol. Il comprend les fruits extants au jour de son échéance, et l'héritier ne déduit ce que lui devait le défunt que pour ce dont l'obligation excède ce qu'il a consommé de la succession.

Non-seulement l'héritier qui restitue la succession ne doit pas de caution au fidéi-commissaire, pour le cas où celui-ci viendrait à être évincé des fonds, des esclaves et autres effets héréditaires, mais le fidéi-commissaire sera tenu de garantir à cet héritier le prix de l'indemnité que pourront réclamer les acquéreurs des effets héréditaires évincés des effets vendus par l'héritier.

§ 2.

Transmission de l'Hérédité.

Même après avoir restitué l'hérédité, l'héritier direct était considéré comme héritier ; quant au fidéi-commissaire, on l'assimilait tantôt à un héritier, tantôt à un légataire (1).

L'*universum jus* du défunt se fixait sur la tête de l'héritier institué dès le moment du décès du testateur si cet héritier était nécessaire, du moment de l'adition d'hérédité, s'il était externe ou volontaire. Le patrimoine fixé sur la tête de l'héritier ; l'hérédité disparaît, un seul patrimoine existe alors, celui de l'héritier, et la sépa-

(1) Ins. II, 23, 3.

ration des patrimoines admise, dans certains cas, même
après cette confusion, n'est qu'une faveur accordée à
l'héritier contre les créanciers héréditaires ou aux créanciers héréditaires contre ceux de l'héritier, et dans tous
les cas, une exception; aussi, même depuis l'institution
du bénéfice d'inventaire, l'héritier qui a rempli les
conditions exigées pour la séparation des patrimoines,
n'est tenu des dettes héréditaires qu'à concurrence des
biens de l'hérédité; cependant, il est devenu propriétaire
de ces biens héréditaires et l'*universum jus* du défunt
s'est confondu dans le sien. Cet *universum jus* du défunt
ne peut donc plus passer de l'héritier à un tiers, cette
transmission n'est pas possible au moyen de la manci-
pation, parce qu'une hérédité, chose incorporelle, ne
peut être *mancipi*; elle ne l'est pas non plus au moyen
de la *cessio in jure* (1).

En effet, supposons un agnat ou un héritier légitime
appelé par la loi à une hérédité; avant de l'avoir fixée
sur sa tête, il la cède *in jure* à un autre, celui-ci est
immédiatement investi de toute l'universalité du défunt,
des biens corporels, des créances, de l'obligation aux
dettes, puisque l'héritier a cédé, non pas une universalité acquise, mais seulement le droit de l'acquérir.
Mais si cet héritier légitime ne cède l'hérédité qu'après
avoir fait adition, ce n'est plus l'hérédité du défunt qu'il
cède, elle est à tout jamais confondue dans la sienne; ce
n'est plus même une part aliquote, un tiers, un quart
de ce patrimoine héréditaire; non, il n'y a plus qu'une
seule universalité, celle de l'héritier; or, un vivant ne
peut céder ni son universalité, ni une quote-part de

(1) Gaïus II, 34-38.

cette universalité, les principes le défendent expressément. Si, en réalité, il a cédé, sa cession ne peut être
qu'à titre singulier et ne porte que sur les objets hér-
ditaires susceptibles de *cessio in jure*, c'est-à-dire seulement les *corpora*. Quant aux droits personnels, la *cessio
in jure* est sans effet, les dettes continuent à reposer
sur la tête de celui qui a recueilli l'*universum jus*,
de l'héritier légitime qui a fait adition ; les créances ne
passent pas au cessionnaire, puisque la cession ne comprend que des droits réels, mais elles cessent de résider
sur la tête de l'héritier, puisqu'en les cédant, il les a
abdiquées.

Si, au lieu d'un agnat, nous supposons un héritier
institué par le défunt, cet héritier ne recevant son droit
que du testament, n'en sera investi qu'à l'adition d'hérédité ; par conséquent, s'il a cédé, avant l'adition, l'hérédité à laquelle il n'avait absolument aucun droit actuel,
sa cession est nulle ; s'il a cédé après l'adition, il n'a
cédé, comme dans le cas précédent, que les objets corporels de l'hérédité.

Si nous considérons un héritier nécessaire, institué ou
non, à son insu et malgré lui, il est, dès le décès, investi non-seulement du droit à l'hérédité, mais de la propriété des créances et obligations du défunt. C'est donc
dès le moment du décès que l'*universum jus* du défunt
disparaît dans celui de cet héritier. Il est dès lors dans la
position d'un héritier volontaire après l'adition. Il ne
peut non plus céder *in jure* que les biens héréditaires
corporels, en son propre nom et à titre singulier. Mais,
comme ce n'est point là le résultat qu'il voulait atteindre, sa cession demeure sans effet.

Comment donc l'héritier institué transmettait-il au fidéi-commissaire l'ensemble de l'hérédité? le voici : supposons, comme cela se pratiquait encore lorsque la *cessio in jure* fut tombée en désuétude, une vente fictive de l'hérédité *uno nummo* suivie de tradition. L'héritier qui voulait remettre l'hérédité avait nécessairement fait adition ; jusque-là son obligation de restituer n'était pas née, lorsqu'il vendait l'hérédité fidéi-commissaire , Il cédait donc non pas une universalité, il n'y en avait plus, mais un certain nombre de biens à titre singulier pour lesquels l'acheteur devenait successeur de cet héritier seulement ; par la tradition des objets vendus il transférait sa propriété sur eux, mais demeurait soumis à toutes les obligations du défunt, parce qu'il n'avait pas cessé d'être héritier. Quant aux créances héréditaires , on n'admettait plus, comme dans la *cessio in jure*, que la vente de l'hérédité emportât leur abdication ; l'héritier les conservait ; mais comme il devait se conformer à l'intention du testateur, pour faire passer au fidéi-commissaire les créances et les dettes, on avait recours à deux stipulations. Au moment de la vente, le fidéi-commissaire , acheteur de l'hérédité , stipulait du fiduciaire que lorsque celui-ci aurait touché le montant des créances , il le lui restituerait ; c'était la stipulation *emptæ hœreditatis ;* de son côté, le fiduciaire , vendeur de l'hérédité , stipulait du fidéi-commissaire l'indemnité de toutes les dettes héréditaires que lui, fiduciaire, serait contraint d'acquitter ; c'était la stipulation *venditæ hœreditatis.* Quand l'héritier n'était chargé de remettre qu'une partie de l'hérédité, il le fesait par une vente et une tradition accompagnées de deux stipulations qui, n'étant alors que pour partie des dettes et des créances, s'appelaient stipulations *partis et pro parte* (1). Lorsque toute l'hérédité était remise au fidéi-commissaire, il n'était pas héritier, quoiqu'en définitive il profitât de toute l'hérédité, s'il ne lui en était remis qu'une partie, il n'était pas légataire partiaire ; dans les deux cas, il était seulement acheteur : *emptor hæreditatis.*

§ 3.

Du sénatus-consulte Trébellien.

Cependant, c'était peu d'avoir introduit le fidéi-commis dans le droit, si l'on ne modifiait pas les principes qui s'opposaient encore aux progrès et à l'efficacité de cette innovation. Peu de fiduciaires consentaient à céder amiablement des actions dont la loi leur accordait le bénéfice ; peu de fidéi-commissaires s'empressaient d'assumer sur eux des dettes dont le droit civil ne les avait pas grevés ; le plus souvent entre les deux intéressés intervenait une convention dans laquelle, selon l'état de la succession, l'un ou l'autre fesait la loi ; quoi qu'il arrivât, les intentions du défunt étaient méconnues.

Pour concilier avec l'intérêt de l'héritier institué les droits du fidéi-commissaire, les consuls Annœus-Senèque et Trébellius-Maxime proposèrent le sénatus-consulte qui porte le nom de ce dernier. Cet acte célèbre, publié le 8 des calendes de septembre, sous le règne de l'empereur Néron, vers l'an 60 de l'ère chrétienne,

(1) Gaïus II. 252. — III. 85.

légitima le fidéi-commis, accorda sans formalités au
fidéi-commissaire les prérogatives dont jouissait l'héritier, reconnut en lui le continuateur du défunt.

Il était conçu en ces termes : *Quum esset æquissimum
in omnibus fidei-commissariis hæreditatibus, si qua de
his bonis judicia penderent, ex his eos subire in quos jus
fructusque transferetur, potius quam cuique, periculosam
esse fidem suam : placet ut actiones quæ in hæredem hære-
dibusque dari solent, eas neque his dari qui fidei suæ com-
missum siculi rogati essent restituissent, sed his et in eos
quibus ex testamento fideicommissum restitutum fuisset : quo
magis in reliquum confirmentur supremæ defunctorum vo-
luntates* (1).

Le sénatus-consulte investissait donc le fidéi-commissaire directement sans vente, ni tradition, des biens
et des créances héréditaires; et permettait aux créanciers
héréditaires de l'actionner. Au reste, les droits du fidéi-
commissaire ne naissaient que si l'institué direct fesait
adition; même après cette adition, les droits du défunt
ne se reposaient sur le fidéi-commissaire que si celui-ci
y consentait et un sénatus-consulte n'ayant pas encore
force de loi, le fidéi-commissaire était non pas héritier,
mais considéré comme tel : *loco hæredis.*

1. *Dans quels fidéi-commis ce sénatus-consulte reçoit son
application.* Toutes les fois qu'un testateur charge son
héritier de remettre à un autre, par fidéi-commis, tout
ou partie de sa succession, pourvu que ce fiduciaire soit
ainsi grevé en qualité d'héritier et non de légataire particulier (2). Peu importe que cet héritier reçoive son

(1) L. 1. 2. D. 36. 1.
(2) L. 27. 8. D. 36. 1.

droit de la loi ou d'un testament ou même d'un fidéi-commis ; que le bien à remettre soit le pécule *castrans* ou *quasi-castrans* du fils de famille militaire, que le testateur ait employé le mot *bona* ou le mot *hæreditas*, que le fidéi-commissaire soit un particulier, ou depuis le sénatus-consulte Apronien, une corporation. Il faut seulement, mais il faut, dans tous les cas, que le fidéi-commis soit valable ; nul, il no ferait passer aucune action au fidéi-commissaire, ni contre lui.

Ce sénatus-consulte produit son effet dès que la succession a été restituée, qu'elle l'ait été en vertu du fidéi-commis lui-même ou d'une stipulation dans laquelle le fidéi-commis a été réduit, mais il faut qu'elle l'ait été. Or, depuis le sénatus-consulte Trébellien, restituer l'hérédité, ce n'est plus en faire tradition, c'est consentir à ce que le fidéi-commissaire s'en empare (1) ; elle sera donc censée remise lorsque l'héritier laisse le fidéi-commissaire prendre possession de tout ou partie des effets héréditaires, dans l'intention pour le premier, de la restituer, pour le second de la recevoir, et l'on n'a pas à considérer la forme de cette restitution. Si, du consentement du fidéi-commissaire, l'héritier restitue la succession à un autre, les actions héréditaires passent néanmoins contre le fidéi-commissaire. Toutefois, de ce que la succession est censée restituée, lors-même que l'on n'aurait restitué que quelques effets héréditaires, on n'est pas autorisé à conclure que l'héritier soit libéré avant d'avoir restitué les autres effets.

Celui qui doit restituer la succession, pour que le

_____

(1) L. 63 D. 36. 1.

sénatus-consulte ait son effet, est le fiduciaire; et peu importe qu'il la restitue lui-même ou qu'un autre la restitue par son ordre.

Le curateur d'un furieux, après avoir reçu la possession *secundum tabulas*, pourra restituer; le pupille aura le même pouvoir s'il est assisté de son tuteur, le tuteur peut même restituer seul si le pupille est encore *infans*, mais Sévère ne permet pas qu'un pupille restitue à son tuteur avec l'autorisation de ce tuteur, quoiqu'il soit permis à un adolescent de restituer à son curateur. Si le fiduciaire est une corporation, un de ses membres peut restituer valablement avec l'assentiment des autres.

C'est au fidéi-commissaire ou à toute autre personne par lui désignée, que la restitution doit se faire; ce fidéi-commissaire est-il un pupille, son tuteur intervient pour l'autoriser, et s'il est *infans* ou absent, reçoit en son nom; le fidéi-commissaire est-il *alieni juris*, la succession doit être remise à la personne sous la puissance de laquelle il se trouve, et c'est à elle que passent les actions après la restitution.

La succession ne doit être restituée que quand elle peut l'être utilement; est-elle subordonnée à une condition, à un terme, avant l'accomplissement de cette condition ou l'échéance de ce terme, sa restitution est inutile; comment le fiduciaire pourrait-il transmettre des actions qu'il n'a pas encore et qu'au cas d'une condition il n'aura peut-être jamais, puisqu'elles dépendront pour lui de l'acquisition de l'hérédité? En pareil cas, si l'hérédité a été restituée, les actions ne passent pas au fidéi-commissaire, parce que la restitution ne s'est pas opérée selon l'intention du testateur; mais si depuis l'échéance du terme ou l'accomplissement de la condition, le fidéi-commissaire a ratifié cette restitution, on doit le considérer comme investi des actions héréditaires.

II. *Transport des actions héréditaires.* Quoique celui qui a été une fois héritier ne puisse pas cesser de l'être, et que d'après la rigueur du droit civil, la restitution de la succession n'empêche pas les créances et les obligations de continuer à résider encore sur la tête du fiduciaire, le sénatus-consulte statue que les actions seront désormais accordées au fidéi-commissaire, comme s'il était lui-même héritier. Puisque le droit civil les lui refuse, ce n'est pas comme directes qu'il les acquiert ; l'édit les lui accorde comme utiles, c'est-à-dire par extension du droit civil et par utilité, en supposant au fidéi-commissaire une qualité qu'il n'a pas ; et si le fiduciaire est poursuivi par les actions du droit civil, il paralyse ces poursuites au moyen de l'exception, *restitutæ hæreditatis* (1). S'il avait déjà restitué l'hérédité, la même exception lui eût été opposée par les détenteurs héréditaires qu'il aurait tenté d'actionner (2) ; si l'héritier n'avait été chargé de remettre qu'une partie de l'hérédité, le fidéi-commissaire était encore *loco hæredis* et comme cohéritier du fiduciaire pour cette partie. Sont transférées toutes les actions civiles et prétoriennes, pourvu que l'héritier en soit investi, quand il restitue le fidéi-commis ; elles sont transmises dans l'état où elles se trouvent à ce moment (mais sans que le fidéi-commissaire puisse invoquer en sa faveur un privilège qui serait personnel à l'héritier), en proportion seulement de la part

(1) L. 1. 2. D. 36. 1.
(2) L. 27. 1 et l. 7. 36 1.

d'hérédité qui est restituée, sans égard à l'excédant de
restitution ou au prélèvement d'un objet individuel laissé
à l'héritier (1).

Mais peuvent seulement être transférées les actions
qui, nées en la personne du défunt, sont passées dans
sa succession, ou celles qui appartiennent à l'héritier,
en tant qu'héritier seulement (2); celles que le défunt
n'a pas laissées et que le fiduciaire ne retire pas de sa
qualité d'héritier, celles à l'égard desquelles la *litis-
contestatio* est intervenue avec l'héritier avant la restitution de l'hérédité, ne passent pas au fidéi-commissaire; celles qui, avant la restitution de l'hérédité,
étaient éteintes, autorisent seulement un recours du
fidéi-commissaire contre l'héritier, pour l'avantage qu'elles ont procuré à celui-ci.

L'effet de ce transfert d'actions est double (3); quant
au fiduciaire, s'il a restitué l'hérédité tout entière, l'exception *restitutæ hæreditatis* peut être invoquée par lui;
si cependant il y a urgence, s'il est à craindre que
par l'absence du fidéi-commissaire, le délai de l'action
s'éteigne, la formule sera décernée contre l'héritier, sans
qu'il puisse s'y opposer; quant au fidéi-commissaire, il
peut actionner ou être actionné soit au lieu de son domicile, soit à celui de la majeure partie des biens restitués.
L'effet de la translation est perpétuel; sans doute les créanciers de l'hérédité pourront toujours poursuivre par des
actions directes l'héritier institué, seul véritable héritier
aux yeux du Droit civil; mais si cet héritier institué, actionné après avoir restitué l'hérédité, perd son procès,

(1) L. 38, 37, 40... D. 36. 1.
(2) 27, 40, 58, 70, 70... D. 36. 1.
(3) L. 27, 49, 55, 63, 66... D. 36, 1.

les actions héréditaires ne cessent pas de résider sur la tête du fidéi-commissaire; si, au contraire, l'héritier est actionné avant la restitution; les actions du sénatus-consulte Trébellien sont temporaires; ne passent au fidéi-commissaire que pour un temps et lui sont enlevées par l'éviction qui rend la restitution impossible. Mais Papinien admet que si le fidéi-commis devait être acquitté par celui qui gagne ensuite le procès, les actions du sénatus-consulte Trébellien subsistent, car, dans le compte de l'hérédité restituée, le possesseur attribue à l'héritier la part restituée au fidéi-commissaire.

III. *Charge des legs et fidéi-commis particuliers, imposée au fidéi-commissaire universel.* — Les charges de la succession et l'obligation d'acquitter les dettes et les legs passent au fidéi-commissaire dans la même proportion que l'hérédité; l'héritier qui conserve le surplus de la succession, paie aussi l'excédant des charges. Si cependant l'héritier retient non plus une quote-part de l'hérédité, mais un objet individuel, quelle qu'en soit la valeur, il est dispensé de toute charge, le fidéi-commissaire les supporte en entier. Lorsque les legs excèdent l'émolument que le fidéi-commissaire retire du fidéi-commis, il ne saurait en être tenu au-delà de cet émolument; l'excédant demeure à la charge de l'héritier qui a restitué l'hérédité (1). Justinien confirme cet état de choses.

IV. *Translation de la propriété des effets héréditaires au fidéi-commissaire; aliénation faite par l'héritier ou le fidéi-commissaire avant la restitution.* — Par le seul fait de la restitution, les effets héréditaires deviennent la propriété du fidéi-commissaire, n'en eût-il pas encore la

(1) L. 1. D. 36. 1.

possession (1). Cette propriété passe au fidéi-commissaire telle qu'elle reposait sur le défunt : continuent à subsister les servitudes que le testateur et l'héritier se devaient réciproquement. L'héritier reste soumis à la loi Aquilia pour le cas où , plus tard, il attenterait à une chose héréditaire. La restitution confirme les aliénations faites par le fidéi-commissaire auparavant, et révoque celles qu'aurait faites l'héritier , à moins qu'il n'ait été forcé de les faire , notamment dans les cas de paiement, ou qu'il n'ait affranchi, avant la remise de l'hérédité, un esclave héréditaire; dans ce dernier cas, l'affranchissement est valable, mais l'héritier est débiteur du prix de l'esclave.

V. *Le fidéi-commissaire doit à l'héritier qui lui restitue la succession certaines sûretés*, notamment dans le cas où l'héritier ayant à faire sur la succession une retenue en argent, ne trouve pas le numéraire suffisant , ou si l'héritier ayant vendu quelques objets de la succession, l'acquéreur en a été évincé. Si l'héritier , après avoir pris pour lui un fonds , à titre de préciput, avant de restituer l'hérédité , la restitue en vertu du sénatus-consulte Trébellien , le fidéi-commissaire lui doit-il caution , pour le cas où il viendrait à en être évincé? C'est l'avis d'Ulpien ; mais Julien ne le pense pas ; il veut qu'on estime ce fonds, indépendamment de la caution ; sa valeur est-elle supérieure au quart des biens , si le fonds est censé tenir lieu de ce quart, le quart des actions passe au fidéi-commissaire; vaut-il moins , après avoir complété ce qui manque, on opère la restitution selon les principes du sénatus-consulte (2).

(1) 63, 70, 86, 22, 23. D. 36. 1.
(2) L. 1, 16. D. 36, 1.

§ 4.

Sénatus-consulte Pégasien.

Le sénatus-consulte Trébellien, en rendant le fidéi-commissaire débiteur direct des créanciers et créancier direct des débiteurs héréditaires, n'avait pas prévu le cas où l'institué ne devait presque rien conserver de l'hérédité, n'avait pas d'intérêt à faire adition.

Sans doute, c'était beaucoup que de protéger l'héritier par des exceptions. Là où aucun émolument n'était possible pour lui, il ne devait pas avoir de charges à supporter ; mais il fallait faire plus afin d'assurer aux *fidéi-committentes* la pleine exécution de leur volonté dernière ; pour combler la lacune de la loi, deux moyens s'offraient : intéresser le fiduciaire à recueillir l'hérédité, ou se passer de son adition. Le sénatus-consulte Pégasien essaya de l'un et de l'autre.

Ce sénatus-consulte, qui remonte au consulat de Pégase et de Pusion, pendant le règne de Vespasien, modifiait et, dans certains cas, renversait les principes mis en vigueur, dix ans auparavant, par le sénatus-consulte Trébellien ; il restreignait la capacité de recevoir par fidéi-commis, considérait le fidéi-commissaire universel non plus comme un héritier, mais comme un légataire partiaire auquel il reconnaissait le droit de poursuivre et l'obligation de s'acquitter, quand entre lui et l'héritier étaient intervenues les stipulations dont nous avons parlé plus haut (1).

(1) L. 26, 2 ; l. 27. D. 30. — L. 8, 8. D. 31. — L. 22, 8. D. 33, 2.

Le premier chef du sénatus-consulte Pégasien étendit la loi Falcidie aux fidéi-commis universels, en permettant à l'héritier de déduire aussi sur le fidéi-commis le quart qu'il eût pu déduire sur les legs. (Elle fut étendue plus tard aux fidéi-commis à titre particulier imposés à l'héritier). Désormais l'héritier eut le choix de restituer la succession en vertu du sénatus-consulte Trébellien, ou selon les règles du sénatus-consulte Pégasien (car le Pégasien n'a pas abrogé le Trébellien), tous deux subsistaient chacun avec son application spéciale. Le fiduciaire n'avait-il pas été chargé de restituer plus des trois-quarts de la succession, il transmettait les actions au fidéi-commissaire, en vertu du sénatus-consulte Trébellien; devait-il remettre plus des trois quarts, il pouvait, en restituant la succession, retenir la quarte Pégasienne; mais quant aux actions, les anciens principes reprenaient alors leur empire; les créanciers de l'hérédité ne pouvaient agir que contre l'héritier institué; car le fidéi-commissaire était assimilé au légataire, et cet héritier actionné n'avait de recours contre le fidéi-commissaire que si entre eux étaient intervenues les stipulations *partis* et *pro parte*. De même, les débiteurs de la succession ne pouvaient s'acquitter qu'envers l'héritier, sauf le compte qu'en vertu des mêmes stipulations, celui-ci devait au fidéi-commissaire. Le fidéi-commissaire était *loco legatarii partiarii*, c'est-à-dire, légataire d'une quote-part de l'hérédité, comme notre légataire à titre universel; mais la loi ne voyait en lui qu'un successeur à titre particulier, et jamais un copropriétaire de la succession. Successeur d'une partie de la masse, il devait contribuer aux dettes. Mais il n'était pas tenu à l'égard des créanciers héréditaires; il avait droit à une partie des créances, mais n'avait pas d'action pour les exercer contre les débiteurs de la succession. Si l'héritier a retenu le quart et restitué la succession, conformément au sénatus-consulte Pégasien, les pertes et profits survenus à la succession se partagent entre l'héritier et le fidéi-commissaire, en vertu des mêmes stipulations.

L'héritier qui refuse de faire adition, malgré la faculté de prélever le quart, peut y être contraint par le Préteur ; alors, à la vérité, il accepte et restitue en entier, mais les actions héréditaires passent activement et passivement au fidéi-commissaire, comme sous l'empire du sénatus-consulte Trébellien, c'était l'objet du second chef, et peu importait que la succession fût ou non solvable ; on n'avait d'égard qu'à la crainte, au prétexte qui en motivaient la répudiation ; il suffisait qu'elle fût répudiée. Comme il était possible que l'héritier refusât d'accepter, dans la crainte d'un préjudice, et que d'ailleurs le bénéfice d'un quart pouvait ne pas lui paraître un dédommagement suffisant, il fallait venir au secours du fidéi-commissaire, qui réclamait une acceptation à ses risques et périls ; aussi, forçait-on l'héritier à accepter pour restituer, mais cet héritier n'acceptant qu'aux risques et périls d'un autre, ne retenait plus le quart, et les actions passaient pour et contre celui à qui la succession avait été remise, en vertu du sénatus-consulte Trébellien.

No 1. — *Premier chef : Retenue du quart.*

L'héritier institué, chargé de restituer la succession ou la portion de cette succession pour laquelle il a été

4

institué, peut seul en retenir le quart ; ce droit appartient à l'héritier légitime, comme au prétorien, même à celui qui remplace l'héritier dans l'exercice de ses droits, par exemple le fisc, qui l'évince de la succession, même à celui à qui la succession a été déjà restituée (1) ; mais dans ce cas une question se présente : ce fidéi-commissaire, grevé de restitution, subit-il lui-même la retenue du quart au profit de l'héritier, il peut la faire subir à celui à qui il remet, puisque les légataires grevés de fidéi-commis particuliers, retiennent sur le fidéi-commis, au prorata de ce qu'on a retenu sur leurs legs en vertu de la quarte Falcidie ; car nul ne doit restituer plus qu'il n'a reçu. Ne subit-il pas cette réduction, il ne peut faire subir de retranchement à celui à qui il remet, car s'il est nécessaire qu'un défunt laisse un héritier, il est moins important que sa succession soit remise à des fidéi-commissaires de divers degrés. Si le fidéi-commissaire est chargé de restituer à l'héritier, il ne lui doit pas la Falcidie dont cet héritier est déchu, par le refus qu'il a fait d'accepter la succession ; cependant l'héritier pourrait être admis à accepter pour retenir cette portion (2).

Ce quart se prélève au préjudice de tout fidéi-commissaire universel, fût-il la république ; ce point fut décidé par les empereurs Carus, Carinus et Numérien.

L'héritier a le droit de le retenir, et si en restituant la succession, il a, par erreur, omis de le prélever, une action lui est accordée pour le répéter ; il faudra toutefois qu'il fasse la preuve de son erreur, car s'il a opéré

(1) L. 3 , 5. D. 36, 1.
(2) L. 78, 11. L. 1, 10, 55, 2, 3. D. 36, 1.

de son plein gré la restitution totale qu'on lui deman-
dait, il sera censé avoir voulu se conformer aux intentions du défunt et passera difficilement pour victime de
sa propre ignorance.

Il prélève ce quart sur toutes les libéralités du défunt,
c'est-à-dire sur les legs et sur les fidéi-commis (1).

On impute sur le quart attribué à l'héritier, en vertu
de la loi Falcidie, ce qu'il recueille de la succession
comme héritier, mais non ce qu'il touche comme légataire, fidéi-commissaire ou pour remplir une condition
imposée par le testateur; car ce qu'il reçoit ainsi pourrait dépasser le quart et lui ôter par conséquent tout
intérêt à faire adition.

L'héritier chargé de restituer une succession fidéi-
commissaire impute au contraire sur son quart tout ce
qu'il recueille de cette succession à titre de legs, de
fidéi-commis... de son chef; car il a reçu tout cela par
droit héréditaire, aucun legs ou fidéi-commis n'ayant
de force par lui-même; il en est toutefois autrement
de ce qui lui vient d'un cohéritier. Cependant, si le
fiduciaire chargé de restituer a reçu de l'argent, cet argent s'impute en entier sur le quart auquel il aurait
droit; mais ce que les légataires lui remettent pour accomplir la condition qui leur est imposée par le testateur, ne s'impute pas sur ce quart.

Ainsi, l'héritier est censé avoir par droit d'héritage
et doit imputer sur sa quarte l'argent qu'il a été simplement chargé de retenir (2); les sommes qu'il reçoit pour

_____

(1) L. 91, 193. D. 35, 2 — L. 58, 3. L. 18, 1. L. 22. L. 58,
5. D. 36, 1.
(2) L. 93, D 35, 2.

les restituer, celles que le fidéi-commissaire lui remet
selon les ordres du testateur, n'entrent pas dans cette
évaluation. Mais tout cela n'a lieu que dans le cas où c'est
en vertu du sénatus-consulte Pégasien que l'héritier retient un quart; si c'est la volonté formelle du défunt qui
lui accorde ce quart ou un objet destiné à le remplacer,
ce que retiendra le fiduciaire, c'est seulement le quart
de la portion pour laquelle il est institué, et l'on appliquera dans ce cas le sénatus-consulte Trébellien, en vertu
duquel les actions passeront au fidéi-commissaire, le fiduciaire n'étant pas chargé de restituer plus des trois-
quarts; mais lorsque l'héritier retient un objet déterminé
équivalant à la quarte, les actions passent au fidéi-commissaire pour la totalité, l'héritier n'étant, quant à ces
objets, qu'un légataire particulier qui, à ce titre, est
dispensé de contribuer au paiement des dettes. Il est
donc important, c'est la remarque de Marcien, de distinguer si la retenue a lieu à titre particulier ou à titre
héréditaire. Si les objets retenus ne valent pas le quart
de la part pour laquelle le fiduciaire est institué, on
retombe sous le coup du sénatus-consulte Pégasien, les
actions restent toutes à l'héritier (1); quant aux fruits
perçus entre la mort du testateur, et la restitution de la
succession, on impute sur la quarte, comme le veut la
loi Falcidie, ceux du fidéi-commis conditionnel ou à
terme; et, si l'héritier ne restitue qu'après longtemps un
fidéi-commis pur et simple, il pourra retenir son quart
sans imputer sur ce quart les fruits qu'il aurait perçus;
car, d'un côté, on ne peut imputer que ce qu'a laissé
l'héritier lui-même, et de l'autre, les fruits perçus par

(1) L. 86, D. 35, 2.

cet héritier ne l'ont été qu'à cause de la négligence mise par le fidéi-commissaire à les demander. Si, au contraire, le fidéi-commissaire est sous condition ou à terme certain, les fruits étant censés perçus par la volonté du défunt, suppléent d'autant à la quarte Falcidie. Ceci s'applique aux choses tenant lieu de fruits, mais ne sont imputables que les intérêts déjà touchés par l'héritier (1). La perte des esclaves, la ruine des maisons ne sont pas aux risques et périls de l'héritier, mais l'usage qu'il en retire et les accidents survenus à ces objets, diminuent d'autant le quart de la succession auquel il a droit ; et il est facile d'induire de là que les aliénations des biens de la succession consenties par l'héritier devront pareillement s'imputer sur le quart qui lui revient

Dans quels cas la quarte Pégasienne cesse ou continue d'avoir lieu : La réclamation du quart n'est prescrite par aucun laps de temps, pourvu qu'elle soit faite sans intention frustratoire ; cependant, elle n'est plus possible dans tous les cas où ne s'appliquerait plus la loi Falcidie; c'est-à-dire, si après la mort du testateur, l'héritier renonce à la retenir ; mais le droit de retenir le quart ne peut être enlevé au fiduciaire par une défense du testateur. Si le testateur le lui refuse, on admet que le fidéi-commissaire pourra s'adresser au prince pour obtenir de lui la confirmation de ce refus; encore une distinction est-elle nécessaire :

Si l'héritier institué est chargé de restituer la succession, en prélevant pour lui telle somme ou tel effet particulier, ce préciput ne fût-il pas égal au quart, il ne peut rien obtenir au-delà; mais s'il est chargé de restituer la succession,

(1) L. 18, 1; l. 22, 2; l. 58, 5 et 6; l. 35, D. 56, 1.

sans rien prélever, le prince lui permet de retenir le
quart. S'il n'y a pas de rescrit du prince, l'héritier a le
choix de retenir le quart ou le préciput(1) qui doit lui en
tenir lieu; et s'il opte pour le quart, il ne peut ensuite
choisir le préciput sans s'exposer à être repoussé par
l'exception de dol. Toutefois, la première Novelle permet au testateur de refuser à son héritier le droit de retenir le quart.

N° 2.—*Deuxième chef*: *Adition forcée.*

Lorsque le testateur ayant laissé moins du quart à
l'héritier, celui-ci refuse de faire adition, parce qu'il
regarde le quart que lui accorde le sénatus-consulte Pégasien comme un trop faible dédommagement des embarras auxquels l'adition d'hérédité l'expose, il peut être
contraint à faire adition. Alors les deux sénatus-consultes
concourent ensemble; quoique le fidéi-commissaire soit
dans le cas prévu par le sénatus-consulte Pégasien, c'est
au Trébellien qu'il reste soumis; il n'est pas tenu par
conséquent des dettes héréditaires. Si alors, pouvant
invoquer en sa faveur le sénatus-consulte Pégasien, il
préférait restituer volontairement toute l'hérédité, il ne
cessait pas d'être l'obligé direct de tous les créanciers de
la succession et le créancier immédiat de tous les débiteurs héréditaires, sauf le cas où les stipulations *emptæ
et venditæ hæreditatis* autorisaient les recours réciproques
dont nous avons parlé plus haut. Modestin pensait toutefois que si l'héritier pouvant invoquer le sénatus-consulte

(1) L. 30, 4 et 5, D 36, 1. — Nov. 1.

Pégasien, avait restitué l'hérédité, c'est au Trébellien qu'il devait être soumis (1).

I. *Dans quels fidéi-commis l'héritier peut être forcé à faire adition :* Dans le fidéi-commis universel, il faut que les actions passent au fidéi-commissaire, afin que les charges sans profit ne demeurent pas à l'héritier ; on ne peut donc forcer à faire adition que l'héritier chargé de remettre la succession (2). Par fidéi-commis universels, nous entendons ceux dans lesquels est laissée la succession ou une quote-part de la succession ; le fidéi-commis, par lequel le testateur chargé de restituer la succession d'un autre confondue déjà dans la sienne, est regardé comme particulier et l'est en effet (3).

Pour qu'un fidéi-commis soit universel, peu importe que le testateur ait employé les mots : *bona, familiam, pecuniam, universam rem meam, omnia mea, facultates, quidquid habeo, censum meum, fortunas meas, substantiam meam, peculium meum,* ou tout autre équivalent (4).

Il faut donc poser ce principe qu'on ne peut être forcé d'accepter et de restituer la succession, lorsqu'on a été chargé de restituer seulement un effet particulier ou une somme d'argent ; et que, s'il est clair que le testateur a voulu la restitution de toute la succession, les actions passent contre le fidéi-commissaire selon le sénatus-consulte Trébellien, et cela, que l'héritier fasse adition volontairement ou qu'il accepte malgré lui.

L'héritier qui, chargé de restituer la succession à un

(1) L. 45, D. 36, 1.
(2) L. 14, 5, 6, 7, D. 36, 1.
(3) L. 27, 9, 10, D. 36, 1.
(4) L. 2, 14, 15, 16. D. 36, 1.

autre, déduction faite des legs ou dettes, veut la répudier, comme onéreuse, peut être forcé à l'accepter et à
la restituer, quoiqu'il semble chargé de restituer plutôt
ce qui restera, les charges payées, que la succession
elle-même, car il ne faut pas que le fidéi-commissaire
ait à supporter deux fois les mêmes charges.

Pour que l'héritier puisse être forcé d'accepter, peu
importe que la succession laissée par fidéi-commis soit
ou non solvable ; qu'elle soit laissée directement par un
testateur ou en vertu d'une substitution. Dans certains
cas, le fidéi-commis qui, fait par un non militaire, serait censé particulier, est réputé universel, s'il est fait
par un militaire, car le motif qui permet à un militaire
d'instituer un héritier *ex re certâ*, doit, si on l'étend au
cas du sénatus-consulte Trébellien, transférer au fidéi-
commissaire, placé dans la situation de cet héritier,
l'ensemble des actions héréditaires (1).

*Par quels fidéi-commissaires l'héritier peut être forcé à
accepter la succession?* Il peut y être forcé non-seulement par un homme libre, mais par l'esclave auquel le
fidéi-commis laisse la liberté, car l'espérance de sa
liberté, permet à cet esclave de s'adresser au Préteur
extrà ordinem. Cependant, si un testateur insolvable
m'institue et affranchit un esclave, auquel il me charge
de restituer, je ne puis être contraint d'accepter, car l'esclave étant affranchi en fraude des créanciers, son affranchissement et par suite le fidéi-commis qui lui est laissé
sont nuls et c'est sur moi que retombe en réalité l'insolvabilité de la succession. Mais la loi *Ælia-Sentia* a
prévu le cas : cet esclave sera regardé comme héritier

(1) L. 68, L. 22. L. 16, 6. D. 36, 1.

unique, absolument comme si je n'avais jamais été héritier (1). Toutefois, c'est dans le seul cas où la liberté
lui est due immédiatement, qu'un esclave peut forcer un
héritier à faire adition (2).

Si par fidéi-commis on laisse à un esclave la liberté
à terme et l'hérédité purement et simplement, l'héritier
ne peut être forcé de faire adition avant l'échéance du
terme ; comment restituera-t-il à un fidéi-commissaire
qui n'est pas libre et pourquoi devrait-il l'affranchir
avant le moment fixé par le défunt? Si, au contraire, la
liberté est laissée à l'esclave purement et simplement
et l'hérédité sous condition, l'héritier peut être forcé
d'accepter et la condition ne dût-elle jamais se réaliser,
l'esclave demeurera libre (3). L'esclave à qui l'héritier
doit la liberté et la succession, est donc le seul qui puisse
forcer cet héritier à faire adition.

Dans les cas de plusieurs héritiers institués, l'esclave
qui doit recevoir la liberté de l'un et l'hérédité de l'autre, ne peut les forcer à faire adition ; le legs de la liberté ne suffit pas pour lui en donner le droit ; le legs
de l'hérédité ne suffit pas davantage, puisqu'il ne confère
pas liberté. Mais si la part de l'héritier chargé d'affranchir accroît à l'héritier chargé de restituer les biens, l'esclave aura le droit d'exiger l'adition, car l'on n'a pas à
considérer comment le même fiduciaire se trouve lui
devoir à la fois la succession et la liberté. Si l'héritier, chargé d'affranchir l'esclave, fait adition et le rend

(1) L. 22, 1. L. 63, 15. L. 55, 1. L. 31, 1. D. 36, 1.
(2) L. 52. 1.
(3) L. 16, 17. D. 36, 1.

libre, cet esclave, ainsi affranchi, pourra contraindre l'autre héritier à faire adition.

L'héritier, qui veut répudier la succession comme onéreuse, ne peut être forcé de l'accepter par l'esclave qui doit recevoir la liberté du légataire et la succession de l'héritier, car l'état de l'esclave dépend du legs ; or, on ne peut être forcé à se soumettre aux actions héréditaires à cause d'un legs. Si après l'adition forcée de l'héritier, le légataire n'ayant pas encore affranchi l'esclave, celui-ci meurt, l'héritier ne pouvant plus transmettre à personne les actions héréditaires, leur demeure soumis s'il est institué pour partie ; institué pour le tout, il échapperait à ce danger, comme nous le verrons tout à l'heure.

Si le légataire était mort avant le testateur, l'esclave pourrait exiger l'adition de l'héritier, la charge imposée au légataire, avec le legs qui devait lui revenir étant désormais sur la tête de l'héritier. Lorsqu'un héritier est chargé d'affranchir son propre esclave et de lui restituer la succession, cet esclave peut-il forcer son maître à faire adition ? On n'admet pas qu'il en soit ansi, quoique l'esclave pût, sans nul doute, exiger la liberté, si son maître avait fait adition volontaire. Le père, qui répudie comme onéreuse, la succession fidéi-commissaire laissée au fils qu'il a sous sa puissance, peut être forcé par le Préteur à faire adition, si c'est au fils lui-même que la succession doit revenir (1).

Lorsque deux individus sont dans un degré différent appelés au fidéi-commis de la succession, la demande

---

(1) L. 16, 11 à 14. D. 36, 1.

du premier, s'il ne doit rien lui rester, en définitive, ne suffit pas pour contraindre l'héritier direct à faire adition, ce fidéi-commissaire n'y ayant aucun intérêt; mais si, l'héritier est chargé d'affranchir un esclave du testateur et de restituer la succession à un tiers chargé lui-même de la remettre à cet esclave, nul doute que cet esclave ne puisse exiger de l'héritier l'adition et la restitution de l'hérédité; si le premier fidéi-commissaire refuse de forcer l'héritier à faire adition ou d'accepter lui-même la succession qu'il est chargé de remettre, le second fidéi-commissaire peut le contraindre (1).

Si le fidéi-commissaire a d'autres moyens d'arriver à la succession, il peut néanmoins forcer l'héritier à accepter, il est possible qu'il ait plus d'intérêt à hériter par institution que par substitution (2).

II. Tout héritier peut être contraint de faire adition, alors même qu'une adition volontaire devrait le dispenser de restituer; si les héritiers chargés d'accepter et de rendre sont plusieurs, peu importe que tous soient contraints ou qu'un seul le soit, tous pourraient l'être, et la restitution qu'ils effectuent, comme si elle eût été faite d'après le principe du sénatus-consulte Trébellien, fait passer toutes les actions sur la tête du fidéi-commissaire (3).

III. L'héritier peut être forcé d'accepter, aux risques du fidéi-commissaire, même avant l'expiration du délai

(1) L. 16, 16. L. 55, 2. D. 36, 1.
(2) L. 6, 5. L. 27, 12. D. 36, 1.
(3) L. 6, 4. L. 27, 13. L. 6, 2 et 3. L. 16, 7. D. 36, 1.

qui lui est accordé pour délibérer, il ne peut être forcé
de restituer qu'après l'expiration de ce délai.

Un envoyé, pendant la durée de ses fonctions, peut
être forcé de faire adition ; un héritier, avant l'accomplissement de la condition sous laquelle il est institué,
peut l'être aussi ; pourvu que la condition puisse être
accomplie sans difficulté ni honte, il devra l'accomplir;
si la condition est de donner une somme d'argent, le
fidéi-commissaire fera offre de cette somme à la personne qui doit la recouvrer, afin que la condition étant
remplie, l'héritier puisse accepter et rendre la succession (1).

Si la condition a été ajoutée non plus à l'institution
d'héritier, mais au fidéi-commis, l'héritier institué pour
tous les biens peut, même avant l'événement de la condition, être forcé d'accepter la succession (2); à plus forte
raison subira-t-il la même contrainte, avant l'é-
chéance du terme et même avant de s'être rendu dans
le lieu où doit se faire la restitution; seulement, il doit
être tenu compte des frais du déplacement (3).

L'héritier qui a répudié une succession, peut être forcé
pour de justes motifs à l'accepter et à la restituer : ainsi,
quand un possesseur de biens chargé de restituer une succession a laissé passer le terme pendant lequel il peut
réclamer la possession, ou quand celui qui devait recevoir la restitution n'a pu comparaître au temps voulu
devant le Préteur pour la réclamer, il est permis de
poursuivre la restitution comme si le délai courait en-

(1) L. 7. D. 36. 1.
(2) LL. 50, 9, 63, 64. D. 36. 1.
(3) L. 11, 2, L. 13, 4. L. 12, L. 27, 4. LL. 6, 7, 8, 9. D. 36, 1.

core. Si les biens à restituer avaient été vendus, il faudrait une cause grave pour que le Préteur pût les faire restituer, même à un pupille (1).

Après l'infirmation du testament, l'héritier institué ne peut plus être forcé d'accepter, quoiqu'il eût pu l'être auparavant malgré les vices du testament (2).

Mais si c'est la validité du fidéi-commis qui est en question, le fidéi-commissaire peut être admis provisoirement dans sa demande, sauf à l'héritier à déduire ensuite ses raisons. L'adition forcée s'étend à toute la succession pour laquelle elle a eu lieu ; si la part de mon cohéritier défaillant s'ajoute à la mienne, il est inutile de me forcer à l'accepter, lorsque j'ai accepté forcément celle qui me revenait directement.

L'adition peut être exigée même de l'héritier absent et demandée par lettres ; elle peut être réclamée si l'instituée est *ex parte* par le fidéi-commissaire ou son mandataire exprès et spécial ; si l'héritier est institué *ex asse* même par un fidéi-commissaire absent (3).

IV. Le fidéi-commissaire peut forcer l'héritier à accepter la succession, en s'engageant à l'indemniser. Si donc, dit Julien, un legs est laissé à l'héritier institué sous cette condition : si *hæres non erit,* et que pour profiter de ce legs, il déclare l'hérédité onéreuse, le fidéi-commissaire ne peut le forcer à faire adition, qu'après lui avoir offert la valeur du legs qui lui revient. Si la condition était celle-ci : si *hæres non esset*, l'héritier ne peut être contraint d'accepter que si ces legs lui sont payés par

(1) L. 14, 1, 2. D. 36, 1.
(2) L. 13, 2, 3. L. 27, 6. D. 36, 1.
(3) L. 43, 14, 6. L. 13, 1, 4, 5. L. 66, 1. D. 36, 1.

celui qui reçoit l'hérédité ; car si, en vertu de la bonne
foi il restitue l'hérédité, au moins ne doit-il pas être
en perte (1).

V. *Effets de l'adition forcée.* Elle rend héritier celui
qui la fait et confirme le testament, comme le ferait
une adition volontaire. Par conséquent, si un père en
déshéritant son fils, institue deux héritiers et charge
chacun d'eux de restituer l'hérédité qui aurait dû revenir
à ce fils, il suffit qu'un des deux soit forcé de faire
adition, pour que l'autre soit contraint à accepter et à
restituer la succession (2).

Dans le cas où deux personnes sont instituées pour
partie avec le fils impubère-exhérédé et substituées à ce
fils, il suffit que celui auquel un second testament accorde l'hérédité, force un des institués à faire adition,
car cette seule adition confirmant le testament du père,
tous deux pourront, en vertu de la substitution, être
forcés d'accepter et de restituer l'hérédité (3).

Au reste, celui qui est héritier malgré lui, est bien
héritier quant à la rigueur du droit ; mais il est privé
de tout émolument ; en fait, toute l'hérédité passe au
fidéi-commissaire, auquel il la restitue avec le bénéfice
des actions et le fardeau de toutes les charges héréditaires.

L'héritier forcé à faire adition en vertu du sénatus-
consulte Pégasien, suit la règle du sénatus-consulte
Trébellien : toutes les actions héréditaires actives et
passives passent au fidéi-commissaire, aucune ne demeure

(1) L. 11. l. 27, 15. D. 36. 1.
(2) L. 27, 5. D. 36. 1.
(3) L. 11. 1. D. 36. 1.

à l'héritier, alors même qu'une part de l'hérédité lui aurait été laissée. En effet, que l'héritier institué soit prié de restituer une partie de l'hérédité à un fidéi-commissaire, qu'il ait à la restituer tout entière à deux fidéi-commissaires, dont l'un accepte, l'autre refuse, dans les deux cas, le successeur qui refuse est entièrement déchargé et l'entière hérédité passe à l'autre, c'est-à-dire, dans le premier cas, à l'héritier, dans le second, à l'autre fidéi-commissaire; il en est ainsi non-seulement quand les autres fidéi-commissaires répudient la part qui leur est laissée, mais quand d'une manière quelconque l'hérédité ne leur parvient pas; et alors elle passe en entier à celui qui les a forcés de faire adition.

L'héritier forcé à faire adition (1), devant demeurer indemne, toutes les actions héréditaires actives et passives sont transmises au fidéi-commissaire qui a exigé l'adition; si après l'avoir exigée, il refusait de recevoir l'hérédité, le Préteur fera passer néanmoins toutes les actions sur sa tête comme si en fait il avait recueilli l'hérédité; si avant la restitution il meurt, ses héritiers sont investis des actions qui lui revenaient(2). — Celui, qui par respect pour les volontés du défunt, restitue l'entière hérédité, sans rien retenir, fait spontanément adition, comme s'il obéissait au sénatus-consulte Trébellien; mais c'est avec raison que Modestin lui conseille de déclarer la succession onéreuse, d'attendre pour la restituer l'ordre du Préteur; car c'est seulement ainsi que la restitution sera censée conforme au sénatus-consulte Trébellien et que les actions passeront au fidéi-

(1) L. 1, 2. D. 36. 1.
(2) L. 67, 1. 44. D 36. 1.

commissaire et celui qui d'après le sénatus-consulte Trébellien , consent à opérer une restitution volontaire, court le risque d'être poursuivi par les créanciers héréditaires si le fidéi-commissaire n'accepte pas cette restitution , tandis qu'il n'a plus rien à craindre s'il attend l'ordre du Préteur, puisqu'avant même la restitution , toutes les actions ont été transmises au fidéi-commissaire.

Ce n'est pas seulement aux actions héréditaires que se trouve soumis le fidéi-commissaire, c'est encore à l'obligation d'acquitter les legs, les fidéi-commis , toutes les charges dont la succession est grevée (1) ; les légataires, les autres fidéi-commissaires peuvent l'actionner comme héritier ; il est juste que des fidéi-commissaires universels capables d'exiger l'adition de l'héritier puissent exiger celle du fidéi-commissaire chargé de leur transmettre les biens ; la volonté expresse du défunt peut seule les priver de ce droit, elle sera censée s'opposer à ce qu'ils conservent les fruits perçus avant l'accomplissement de la condition sous laquelle ils ont été institués ; dans les fidéi-commis à titre particulier, le fidéi-commissaire qui exige l'adition de l'héritier , retiendra sur eux le quart qu'eût prélevé l'héritier lui-même s'il eût fait adition de plein gré ; il ne serait pas juste que les fidéi-commissaires particuliers , auxquels le droit d'exiger l'adition de l'héritier n'est pas accordé, reçussent plus qu'ils n'auraient obtenu si cet héritier avait volontairemet fait adition. Quant à la manière de calculer ce quart, Celse et Marcellus nous tracent les règles à suivre : Un citoyen laissant une hérédité de

(1) L. 20 , l. 16 , l. 2 , l. 3 , D. 66 . 1.

100, lègue 300 à Titius et charge son héritier de restituer la succession à Séjus ; on présume qu'il a voulu que son hérédité fût restituée avec la charge des legs ou fidéi-commis qui la grevaient ; en conséquence, c'est 300 que Séjus doit payer à Titius ; en effet l'héritier a été prié de mettre Séjus à son lieu et place ; ce qui serait revenu à cet héritier après l'acquittement de toutes les charges s'il n'eût pas été grevé de restitution, revient à Séjus ; il resterait 100 à l'héritier, c'est 100 que Séjus recueillera ; il faut donc appliquer la loi Falcidie, comme si l'héritier avait été obligé (*damnatus*) par le testateur à payer 300 à Titius et 100 à Séjus. Mais si l'héritier a fait adition de son plein gré, il ne doit plus que 225 à Titius et 75 à Séjus, car Titius n'a pas le droit de recevoir plus qu'il ne recueillerait si l'adition avait eu lieu sans ordre du Préteur. — Puisque celui qui force l'héritier à faire adition doit retenir le quart qu'eût retenu cet héritier, s'il avait fait adition de plein gré et seulement à ce titre, il n'a rien à prélever si l'héritier n'avait pas le droit de prélever lui-même, et la même règle s'applique aux hérédités onéreuses, et aux testaments dans lesquels il n'y a pas lieu à la loi Falcidie, comme ceux des militaires.

S'il est juste que l'héritier qui refuse de faire adition soit entièrement affranchi du fardeau des charges héréditaires, il est logique de lui refuser tout l'émolument dont le prive naturellement le défaut d'adition ; il restera donc étranger (1) :

1° Au bénéfice de la *substitution* si à ce titre l'hérédité pouvait encore lui revenir ; c'est le cas de cette

(1) L. 27. 2. L. 14. 4. L. 64, L. 16, L. 67. D 36, 1.

5

institution : *quisquis mihi hæres erit , idem filio meo hæres esto* ; ce n'est plus le cas de celle-ci : *Titius filio meo hæres esto* , car s'il reste seul héritier du père, il pourra être contraint à restituer au pupille , tandis que s'il a un cohéritier , il pourra conserver la succession, parce qu'il aurait pu par l'adition de son cohéritier l'obtenir en vertu de la substitution ;

2º Au bénéfice de la loi *Falcidie ;* il ne faut pas même qu'en simulant un regret ou un remords, il parvienne à se procurer le quart dont il est déchu ; alors même qu'un patron institué pour la part à laquelle il a droit . et prié de la restituer aux enfants *exhæredes* de son affranchi défunt , fait adition malgré lui, il n'a le droit de rien retenir ; il en est de même de la personne instituée sous cette clause *si cohæres ejus adisset ,* lorsque son adition est forcée ;

3º Aux *précipuls* que le testateur l'autorisait à prélever avant d'opérer la restitution ; ne serait-il pas singulier que celui qui refuse d'obéir aux dernières volontés du défunt , pût profiter des bienfaits que cette volonté lui accorde ? (1)

4º A tous les avantages, même à ceux que le fidéi-commissaire ne peut recueillir : si donc l'héritier , dans le but de procurer un avantage au fidéi-commissaire ou dans tout autre , déclare l'hérédité onéreuse et la lui restitue, lorsque ce fidéi-commissaire ne peut la recevoir en entier , l'héritier n'en conservera néanmoins aucune partie (2).

Il ne faut cependant pas aller jusqu'à dire que l'héritier

(1) L. 27. 14, D 36. 1.
(2) L. 67. 3. D. 36. 1.

ne puisse profiter des fruits qu'il a perçus après l'adition forcée, mais avant d'avoir été mis en demeure de
restituer ; sans doute il ne pourra pas garder ceux qu'il
a perçus avant de faire adition ; mais s'il a ordonné à
un esclave héréditaire, qui reçoit une hérédité d'ailleurs,
de faire adition, et qu'il restitue, il ne doit pas plus
l'hérédité acquise par cet esclave, qu'il ne devra ce
qu'aurait stipulé l'esclave héréditaire, après l'adition,
ou ce qu'il aurait reçu par tradition ou les fruits héréditaires s'il n'était pas encore en demeure. Il sera encore admis à profiter du legs ou fidél-commis dont le
fidél-commissaire à titre particulier, est chargé envers
lui (1) pour remplir une condition imposée; il ne pourrait
en être de même si la libéralité était mise à la charge
du fidél-commissaire universel ; car c'est précisément
pour le fidél-commis universel qu'ont été introduites les
règles dont nous venons d'exposer l'ensemble.

§ 5.

Innovations de Justinien.

Les stipulations que remettait en usage le sénatus-
consulte Pégasien déplurent bientôt. Papinien les avait
signalées comme dangereuses, parce qu'elles exposaient
indifféremment l'héritier et le fidél-commissaire aux
chances de leur insolvabilité réciproque; dans un but
de simplification (2), l'empereur Justinien abolit le sénatus-consulte Pégasien comme le plus récent, et attri-

(1) L. 44, 4, 5. D. 55. 1.
(2) Inst. II. 23. § 7.

bua au Trébellien une autorité exclusive, ou plutôt, il réunit sous le nom de ce dernier les dispositions de l'un et de l'autre qui ne s'excluaient pas mutuellement, sans qu'il y eût à examiner désormais si la volonté du testateur attribuait à l'héritier le quart des biens, ou plus ou moins ou si même elle ne lui laissait rien ; il conserva la disposition par laquelle le sénatus-consulte Pégasien permettant de forcer l'héritier à faire adition et à restituer, le déclarait exclu de l'exercice des actions, déchu de tout bénéfice, déchargé de toute responsabilité ; il ne distingua pas le cas où il n'y avait qu'un seul héritier du cas où il y en avait plusieurs (1), le cas où la restitution était totale de celui où elle était partielle, le cas où le fiduciaire était institué par testament de celui où il recevait ses droits en vertu de l'édit du Préteur ou d'un fidéi-commis.

Désormais le fidéi-commissaire universel est un héritier ; si l'institué accepte l'hérédité, pour lui en remettre les trois quarts, le fidéi-commissaire sera dans la position d'un héritier institué pour neuf onces ; s'il ne l'accepte pas, le fidéi-commissaire hérite seul de tous les droits et de tous les biens ; au premier cas, les actions se partagent dans la même proportion que l'hérédité et l'on n'examine plus si elles sont directes ou seulement utiles ; au second cas, le fidéi-commissaire les exerce seul.

Les enfants institués par leur parents sont dispensés d'imputer les fruits qu'ils perçoivent sur la quarte qui leur est laissée, quel que soit le fidéi-commissaire (2).

(1) Inst. II, 23. §§ 8 à 11.
(2) L. 6. C. 6. 49.

Les Novelles décident que la loi Falcidie n'est pas
applicable si le testateur, connaissant l'état de son patrimoine, défend à l'héritier de retenir un quart de sa
succession ; lorsque l'héritier refuse de se soumettre à
une semblable condition, la succession est déférée aux
personnes qui doivent la recueillir à son défaut. L'héritier sera pareillement privé du droit de retenir le quart
s'il a négligé de faire inventaire au temps et dans les
formes voulues ; ou si la chose lui est léguée sous
cette condition *ne alienatur* pour qu'il la transmette à
ses héritiers, ou si le legs est fait pour une œuvre pie.

Mais si en restituant l'hérédité, il a négligé de retenir
le quart lorsqu'il en avait le droit, on l'admet à le répéter ; on ne présume plus qu'il a voulu remplir sans restriction les intentions du défunt et l'on croit nécessaire de le protéger contre son propre entraînement ou
sa négligence.

Le seul point à considérer est donc le résultat final
qu'avait en vue le testateur ; les actions et les biens se
partagent dans le même rapport entre le fiduciaire et le
fidéi-commissaire, parce que c'est dans ce rapport qu'ils
continuent l'un et l'autre la personne du défunt. L'héritier
institué pour partie ou pour le tout, se borne-t-il à prélever un objet, une somme à titre singulier au lieu de
son quart, le fidéi-commissaire sera censé seul héritier,
exercera toutes les créances, supportera toutes les
dettes ; l'institué, quelle que soit la valeur par lui pré-
levée, ne sera plus qu'un légataire particulier, son
profit, pour toute éventualité, ne dépassera pas la valeur de l'objet retenu ; lui-même ne continue en rien la
personne du défunt, qui tout entière, avec l'*universum jus* et les éventualités qui peuvent le modifier,
passe au fidéi-commissaire.

SECTION III.

SURETÉS ACCORDÉES AUX FIDÉI-COMMISSAIRES.

§ 1er.

Cautions en cette matière.

Lorsqu'un fidéi-commis, et cela arrivait fréquemment, ne devait ou ne pouvait pas être acquitté sur-le-champ, le Préteur forçait le fiduciaire à donner caution et à promettre qu'il s'abstiendrait de tout acte dolosif ; sur son refus, il accordait la possession de biens au fidéi-commissaire, afin que la volonté du défunt fût accomplie. Ces sûretés étaient en usage dans tous les fidéi-commis, qu'ils fussent universels ou singuliers, purs et simples, conditionnels, à terme (1), *ab intestat*, à moins que l'objet du fidéi-commis ne fût déjà entre les mains du fidéi-commissaire, comme lorsqu'on lui laissait la libération de sa dette, ou qu'il n'eût été perdu. La caution devait être fournie par l'héritier institué pour tout ou partie, par le substitué, l'héritier honoraire, celui qui acquérait pour autrui, en un mot par toute personne grevée de restitution ou même par les successeurs de cette personne, sans qu'il fût possible d'en dispenser d'autres héritiers que le fisc dont la solvabilité était toujours présumée (2) ; les descendants, Zénon l'avait décidé, et Justinien confirma cette décision ; ou des per-

(1) L. 14. D. 36. 3.
(2) L. 1 D. 36. 3.

sonnes que le testateur dispensait lui-même (1). Elle était due à quiconque devait recevoir quelque chose de l'hérédité, aux légataires ou fidéi-commissaires, à leurs successeurs, au chef de famille qui acquérait par une personne placée sous sa puissance, et même aux deux légataires institués pour le même objet sous des conditions contraires (2).

Il ne fallait pas cependant que l'intérêt du fidéi-commissaire pût ébranler sans des motifs sérieux le crédit du fiduciaire; aussi, quoique la caution se donnât par fidéjusseurs qui ne s'obligeaient à indemniser qu'éventuellement et quoiqu'il ne fût pas nécessaire d'établir la valeur liquide du legs, il était indispensable que le legs eût été vraiment fait, que l'adition eût eu lieu, que le légataire ne réclamât pas la caution par pur esprit de chicane et la caution devait être impitoyablement refusée à celui qui, sans stipulation à cet égard, consentait à plaider la question du legs (3). La caution accordée et acceptée, ne peut être renouvelée sous prétexte que les fidéjusseurs se sont appauvris, il faudrait une cause nouvelle, comme la ruine subite ou le décès d'un fidéjusseur (4).

Dès que le fidéi-commis est transmissible (*dies cedit*), alors même qu'il n'est pas encore exigible, la caution est due; mais le terme fût-il échu ou la condition fût-elle accomplie, les fidéjusseurs ne peuvent être actionnés si le débiteur principal, par suite de sa captivité

(1) L. 6. C. 6. 49.
(2) L. 8. 1. D. 46. 5.
(3) L. 3. 1. L. 16. L. 6. L. 1. 9, 10. D. 36. 3.
(4) L. 4. D. 36. 4.

ou d'un autre événement, est soustrait à toute poursuite;
cependant, même en cas d'une hérédité abandonnée,
il y aura toujours un débiteur principal, dont l'hérédité
elle-même tiendra la place. La caution une fois consen-
tie, l'héritier est tenu de payer tout ce qu'il doit en
vertu du fidéi-commis, il n'est dispensé de cette obligation que s'il vient à être évincé de l'hérédité (1).

§ 2.

Envoi en possession.

Si l'héritier n'a pas fourni de caution dans les délais
voulus, ou s'il refuse d'en fournir une, le Préteur accorde au fidéi-commissaire, aux dépens de cet héritier,
ou de tout autre détenteur de l'hérédité, la possession de
toutes les choses héréditaires, dont la propriété passe à
l'héritier, à moins que le testateur n'ait restreint à certains objets le gage des légataires (2). Si le fiduciaire est
le substitué d'un impubère, l'envoi frappe même les
biens que cet impubère aurait acquis, car ils sont confondus avec l'hérédité ; au reste, tant que l'impubère est
vivant, ni la caution, ni la possession ne seront accordées au fidéi-commissaire. Mais les choses que le défunt
détenait à titre de dépôt ou de commodat, échappent à
l'envoi en possession ; comment, en effet, les considérer
comme héréditaires ? L'envoyé en possession possède
donc toutes les choses héréditaires ; quant aux choses

(1) L. 3, 8, 9, 10, 13, 17. D. 36, 3.
(2) L. 4. D. 36. 3.—L. 9. D. 33, 1.

qui ne font plus partie de l'hérédité, c'est à peine si elles peuvent lui être remises *causâ cognitâ*, lorsque c'est par le dol de l'héritier ou de son successeur qu'elles ont cessé d'appartenir à la succession. Toutefois, jusqu'à Justinien, le fidéi-commissaire pouvait être mis en possession de ces objets, fussent-ils détenus par des tiers, si les biens de l'hérédité ne lui assuraient pas une garantie suffisante (1). Si, par une cause quelconque, l'objet du fidéi-commis a été placé hors du commerce, l'envoi devient impossible. Dans tous les cas, cet envoi comprend la totalité des biens héréditaires, quelle que soit la valeur du legs qui la motive, et, même dans le cas où de deux cohéritiers un seul refuse d'acquitter le legs ou de fournir caution, ce sont alors les biens échus à tous les deux que la possession atteindra.

Tous les légataires ou fidéi-commissaires ont le droit de réclamer cet envoi en possession, chacun d'eux ne possédant que pour lui-même; il le peut alors même que sa vocation dépendrait d'une condition non encore accomplie, ou si un autre légataire institué sous une condition contraire était déjà en possession (2); un légataire a ce droit s'il est *in potestate patris* et institué sous condition; il en est de même de son père, car tous deux ont l'espérance de profiter du legs; si le légataire est un municipe, c'est son défenseur qui est mis en possession; si l'envoyé ne peut se mettre en possession, il invoquera l'interdit *ne vis fiat ei qui in possessionem missus erit*, et demandera justice au préfet ou au magistrat (3). Sans doute

(1) Paul. Sent. IV, 1, 18.
(2) L. 11. D. 42, 4.
(3) D. 43, 4.

un envoyé en possession ne sera jamais à la place de
l'héritier, seul propriétaire véritable, il ne pourra pas
l'empêcher de cultiver le fonds et d'en récolter les fruits ;
mais il possèdera avec cet héritier, il conservera les
fruits ou fera déterminer par un arbitre ceux qui doivent être vendus et en gardera le prix en dépôt pour se
payer lui-même quand le chiffre de sa créance sera déterminé ; là s'arrêtent ses droits. La veuve, la fille, la
petite-fille du testateur, si elles sont privées de toute
ressource, peuvent seules prélever sur les biens les aliments dont elles ont besoin (1). Cet envoi ne cesse qu'avec
les circonstances qui l'ont motivé ; il s'éteindra donc par
le paiement du fidéi-commis, ou la prestation de la
caution, fût-elle fournie par un tiers ; mais si l'envoyé
en possession est actionné à ce titre, il ne se retire qu'a-
près avoir reçu pour le procès qui lui est suscité, la
caution *judicatum solvi*. Toutefois, certains obstacles
peuvent s'opposer à l'envoi en possession : *dum venter
in possessione est*, dit *Modestin*, *nullus legatorum servan-
dorum causâ in possessione esse potest* ; si après l'envoi
en possession des créanciers, un fidéi-commissaire se
fait envoyer, il ne peut avoir plus de droit que les
créanciers ; si l'envoi a eu lieu pour cause de *damnum
infectum*, le fidéi-commissaire a le droit de désintéres-
ser, en offrant lui-même cette caution, le possesseur qui
lui fait obstacle et de conserver la possession jusqu'à ce
que la caution *damni infecti* lui soit remboursée ; mais
il est bien clair que la possession d'un légataire ne s'oppose pas en général à l'envoi d'un autre, car entre légataires, la date de la possession n'est une cause de pré-

---

(1) LL. 5, 14. D. 36, 4.—L. 27. D. 42, 5.

férence que si la possession procure à celui qui la dé-
tient la chose qui lui est attribuée par le testateur (1).

D'un rescrit d'Antonin à Balbus, il résulte que tout
légataire doit fournir caution pour le fidéi-commis dont
il est chargé, sous peine de voir son legs transféré au
fidéi-commissaire, et c'est la doctrine d'Ulpien (2).

CHAPITRE III.

EXTINCTION DES FIDÉI-COMMIS.

§ 1.

Nullité des Fidéi-Commis.

Les fidéi-commis peuvent s'éteindre avec l'acte qui les
contient ou indépendamment de cet acte.

I. Un testament peut être sans effet à cause des vices
dont il est atteint au moment de sa confection; alors,
il est nul d'après le Droit civil ou le droit prétorien, ou
inofficieux; ou à cause d'un événement postérieur qui
s'oppose à sa validité; dans ce cas, il est *irritum*, *des-
titutum*, *ruptum*, selon que le testateur a changé d'état,
que l'héritier institué (le fiduciaire) n'a pu faire adition
ou qu'un posthume est survenu parmi les héritiers du
testateur. La nullité d'un testament emporte celle des
fidéi-commis qu'il contenait dans le cas même où l'héritier institué serait appelé *ab intestat*; si le testament

(1) LL. 7, 11. D. 30, 4.
(2) L. 8, 1. D. 36, 3.

n'est annulé qu'en partie, les fidéi-commis ne sont nuls que pour cette partie (1); mais si la nullité du testament n'a d'autre cause que le vice des moyens de défense employés par l'héritier, le jugement qui la prononce ne saurait nuire au fidéi-commissaire (2).

II. Un fidéi-commis peut aussi se trouver nul, indépendamment de l'acte dans lequel il est contenu; c'est ce qui arrive : 1o si le fidéi-commissaire est mort avant l'accomplissement de la condition à laquelle son droit est subordonné; la perte du droit de cité suspendrait seulement l'existence du fidéi-commis; — 2o si la chose léguée a cessé d'exister dans l'espèce léguée pour passer dans une autre espèce; le fidéi-commis n'est cependant pas éteint et la valeur de la chose léguée est due par le fiduciaire, s'il s'est trouvé en faute ou en demeure; — 3o si la chose léguée est devenue telle qu'elle n'eût pas pû être léguée dans son état actuel, parce qu'elle est sortie du commerce, ou devenue la propriété du légataire, ou parce qu'elle a été incorporée à un édifice, ou par tout autre motif: mais, si tout cela est arrivé par la faute ou le fait du fiduciaire, il est responsable. — 4o si le fidéi-commissaire ou celui en la puissance duquel il se trouve renonce à l'avantage qui lui est laissé; toute renonciation faite avant l'échéance est nulle; car, il serait dangereux de se lier soi-même pour l'avenir. D'ailleurs, comment renoncer à ce qu'on n'a pas encore? Une renonciation partielle n'est pas valable; une renonciation tacite peut l'être, notamment si elle résulte du consentement donné à la vente de l'objet laissé. La captation,

(1) L. 128, D. 30, 1.
(2) L. 80, 1, D 30, 1.

les motifs honteux annullent les fidéi-commis comme les legs.

A cette dernière cause de nullité, nous rapporterons l'indignité, qui prend sa source dans la personne même du fidéi-commissaire, et qui l'empêche de recevoir ou l'oblige à rendre ce qu'il a reçu, malgré la validité de la disposition qui le concerne ; nous dirons peu de choses de l'indignité, parce qu'elle n'a rien de spécial à la matière qui nous occupe. On peut ramener tous les cas d'indignité à trois chefs principaux : 1o un attentat contre les lois ; aussi, lorsqu'un tuteur a épousé sa pupille, ou un gouverneur une femme de sa province, ce qui est défendu par les lois, ils ne peuvent rien recevoir l'un de l'autre ; 2o un attentat contre la personne du défunt, c'est le cas de l'héritier qui, par faute ou par négligence, a laissé mourir la femme qui l'avait institué ; de celui qui refuse de venger la mort de son bienfaiteur ou conteste son état ; c'est le cas de l'affranchi qui porte contre son patron défunt certaines dénonciations, et du successeur qui, appelé à profiter de la loi Falcidie, est privé du quart qu'elle lui accorde sur certains objets pour les avoir dérobés. A l'attentat contre la volonté du défunt, se rapporte la désobéissance à sa volonté, elle se manifeste suffisamment par la suppression du testament ou des codicilles qui le contenaient ; par l'accusation de faux, la querelle d'inofficiosité, lorsqu'elle n'a pas été suivie de succès, par la demande que fait, comme *prœteritus*, le fils émancipé de posséder les biens de son père, lorsqu'il en hérite plus tard par substitution à un impubère ; par la négligence à exécuter ses intentions, et il faut considérer comme indigne, non-seulement celui qui attaque directement le testament, mais quiconque lui prète le secours de son aide ou de ses conseils ; toutefois, ne sera pas écarté comme indigne celui qui se désiste avant que la sentence ait été rendue, ni celui que son âge met à l'abri d'une semblable punition, surtout si l'accusation de faux ou d'inofficiosité a été intentée ou soutenue par son tuteur ou son curateur, ni le citoyen qui n'attaque le testament que dans l'exercice de ses fonctions : l'avocat du fisc, le tuteur qui prend les intérêts de son pupille, le père qui attaque la succession de sa femme dans l'intérêt de son fils ; ni celui qui, institué par le testateur, défend à l'accusation de faux ou d'inofficiosité, alors même qu'il succomberait. Ceux qui attaquent la dernière volonté du défunt doivent être privés de tout ce que cette volonté leur accordait par l'acte attaqué ou par un acte postérieur ; 3° les causes qu'aurait indiquées le défunt lui-même ou la suppression de celles qui avaient motivé sa libéralité.

L'indigne, ou ses héritiers s'il est décédé, est privé de tout ce qu'il pourrait recueillir, soit par lui-même, soit par les personnes qui sont sous sa puissance, dans la succession dont il est déchu, mais non de ce qu'il acquiert à un autre, avec tout son émolument et toutes ses charges, ou de ce qu'il doit lui restituer ; ce qui lui est enlevé est dévolu au fisc, à moins qu'il ne s'agisse d'un usufruit ou que l'indigne ne soit un tuteur qui s'excuse ; le bénéfice de la loi Falcidie lui est refusé.

III. Nul doute qu'il ne soit permis au testateur de révoquer ou d'annuler le fidéi-commis émanant de sa libéralité ; une semblable révocation n'est pas soumise à des formes plus rigoureuses que celles du fidéi-commis lui-même.

Elle peut résulter d'un testament, d'un codicille, de la simple volonté du défunt ou même d'une inimitié

grave survenue entre le testateur et le fidél-commissaire ;
des reproches violents adressés par le premier au second,
des qualifications injurieuses, l'aliénation de la chose
léguée, le fait d'effacer la disposition faite en faveur du
fiduciaire avec charge de rendre ou du fidél-commissaire,
la restriction de cette disposition, etc., sont autant
d'indices graves qui feront présumer l'intention de révoquer la libéralité ; cette révocation ne peut frapper que
la chose laissée elle-même ; elle est sans valeur, si elle
est partielle et s'applique à une chose qu'on ne peut
laisser pour partie, mais elle frappe même la chose que
l'héritier avait promis de payer ; elle sera évidente toutes
les fois que la suppression portera sur la chose, qui est
l'objet même du fidél-commis.

IV. Quant aux modifications que le disposant peut
apporter ultérieurement à sa libéralité, elles n'offrent
pas de difficultés sérieuses.

La charge d'acquitter un fidél-commis peut passer d'un
fiduciaire à un autre ; le fidél-commis lui-même peut être
transporté d'un fidél-commissaire à un autre, changer
de forme, d'objet, d'étendue, recevoir un terme, une
condition ou en être affranchi, rien ne s'y oppose, et nous
ne donnerons pas de développements à cet égard.

§ 2.

Qui recueille les fidél-commis nuls ou annulés.

La chose qui n'est pas recueillie par le fidél-commissaire est dévolue à celui qui l'aurait recueillie en son
absence ou à son défaut : au substitué, aux colégataires,
au fiduciaire, sans qu'à l'égard de ce dernier, on ait à

distinguer entre les causes de la nullité du fidéi-commis.

Si de deux fidéi-commissaires, appelés chacun à la totalité de la même chose, l'un fait défaut ou est écarté, l'autre recueille la libéralité tout entière *jure non decrescendi ;* s'ils étaient appelés chacun à une part distincte de cette chose, mais avec l'intention que la part de celui qui ferait défaut accrût à l'autre, il en devrait être ainsi plus encore en vertu de la volonté du testateur, que par la force des principes; mais cet accroissement, admis anciennement pour les legs qui conféraient un droit réel, ne fut appliqué aux fidéi-commis que sous le règne de Justinien.

Avant la loi Papia-Poppæa, tout droit accordé à deux fidéi-commissaires sur la même chose est personnel et par conséquent se divise dès le principe, sans qu'il y ait jamais lieu à l'accroissement. Cette loi, dans le but de favoriser les mariages, crée, en matière de dispositions testamentaires, des causes nombreuses de caducité et de quasi-caducité, selon que l'incapacité qu'elle punit est antérieure ou postérieure à l'ouverture du testament ; les dispositions caduques sont recueillies par le colégataire conjoint *re et verbis* ou *verbis tantum,* l'héritier, les légataires non conjoints, le fisc ; Caracalla finit par préférer le fisc à tout le monde. Les dispositions nulles dès l'origine (*pro non scriptis*), celles qui manquaient leur effet par suite d'un événement postérieur à l'acceptation du legs par ceux qui étaient appelés à l'accroissement, les libéralités entre ascendants et descendants jusqu'au troisième degré, les legs d'usufruit, suivirent les anciens principes de l'accroissement (*jus antiquum in caducis*). Justinien, substituant l'intention probable du

testateur aux termes précis de la formule, admit l'accroissement en matière de fidéi-commis, selon les principes de la loi Papia-Poppæa, mais le restreignit aux colégataires conjoints *re et verbis* ou *re tantum ;* encore les
conjoints *re et verbis* ne profitant de ce bénéfice que par
une fiction de substitution, peuvent-ils le répudier ;
s'ils l'acceptent, ils sont soumis aux charges, tandis que
les conjoints *re tantum* profitent de l'accroissement forcément, en vertu de l'ancien principe de l'appel solidaire,
sans aucune contribution aux charges.

Sous l'empire des lois caducaires, il arrivait même
que le fisc s'emparait des choses léguées par fidéi-commis
à un incapable, avant que cet incapable les eût recueillies
et sans que le fiduciaire, chargé de les restituer, pût
retenir à son profit le quart auquel il avait droit ; une
ingénieuse fiction le considérait pour l'écarter comme
coupable de fraude, à moins que le fidéi-commis ne lui
eût été imposé publiquement ; au reste, le fisc étant
tenu des mêmes charges que la personne à laquelle il
succédait, pouvait se trouver, à son tour, grevé de fidéi-
commis. Il faut ajouter que les lois caducaires n'atteignaient pas le fidéi-commis mis à la charge d'un autre
que de l'héritier, car elles ne permettaient de revendiquer que contre l'héritier ; si donc un légataire, ou un
fidéi-commissaire était chargé de restituer à une personne incapable de recevoir, il profitait de la libéralité qu'il était chargé d'exécuter, à moins que le
testateur n'en eût ordonné autrement. C'est ici le lieu de
dire quelques mots de la règle Catonienne.

Cette règle célèbre s'appliquera-t-elle en matière de
fidéi-commis ? la négative n'est pas soutenable. Celse
rapporte cette loi célèbre en ces termes : *Quod si testa-*

menti facti tempore decessisset testator, id legatum quando-cumque decesserit non valere (1). Rosshirt , Arndts , Etienne, supposent que si au moment où la volonté du testateur se manifeste, il existe un obstacle à son exé-cution , il l'a ignoré , et que s'il l'avait connu , ses in-tentions auraient changé ; si par exemple au moment où le fidéi-commis est fait , la chose léguée n'est pas sus-ceptible de l'être , le fidéi-commis est nul , quand même au *dies cedit* rien ne s'opposerait plus à ce que cette chose fût l'objet d'un legs ; car, comme le dit le juriscon-sulte Paul : *Quod initio viciosum est, non potest tractu temporis convalescere* (2). Mais le seul énoncé de la règle Catonienne indique qu'elle n'a été faite que pour les legs dont le *dies cedit* coïncide dans l'intention du testa-teur avec le moment de sa mort ; lorsque dans cette in-tention , un délai quelconque doit s'écouler avant que le legs soit transmissible, on ne peut pas dire que le testateur eût été trompé, si sa mort étant arrivée au moment précis de la confection du testament, le legs n'eût produit à ce moment aucun effet et cela est logique , l'effet du legs ne devant se produire que plus tard. Nous n'appliquerons donc pas la règle Catonienne aux avantages qui, d'après les lois caducaires, ne s'ouvrent qu'à l'ouverture du testa-ment, ni aux legs conditionnels, puisqu'ils ne seront exé-cutés qu'éventuellement et dans la suite , ni au fidéi-commis laissé par un testateur à son esclave qu'il affran-chit ou qu'il lègue , ni à celui que reçoit le maître de l'esclave institué ; car, entre le *dies cedit* et l'ouverture

(1) L. 1. D. 35.
(2) L. 20. D. 8.

de la succession, l'esclave peut changer de maître ou
acquérir la liberté.

CHAPITRE IV.

PREUVE DE L'EXISTENCE DES FIDÉI-COMMIS.

Aucune formalité n'était de rigueur pour laisser un
fidéi-commis, nous avons insisté sur ce point; cependant, par une prudence dont le besoin se fesait sentir,
Justinien exigea que toute expression de la dernière volonté, qu'un testament ne constatait pas, fût faite en
présence de cinq témoins; au reste, ces témoins étaient
requis non pour la forme, mais pour la preuve, et même
en leur absence, tout autre moyen de preuve fut autorisé. Si le fiduciaire, trompant la foi du testateur, niait
la restitution dont il était chargé ou s'appuyait encore
sur la subtilité des principes, le fidéi-commissaire, après
avoir juré qu'il était de bonne foi *(jurare de calumnia)*,
déférait le même serment à son adversaire; celui-ci
consentait-il à le prêter, il était à l'abri de tout recours;
le refusait-il, ce refus rendait évidente sa mauvaise foi
et l'obligeait à restituer.

Tels furent les fidéi-commis sous les Empereurs : l'intérêt, l'avarice, la subtilité du droit, la routine des jurisconsultes comprimèrent pendant longtemps les efforts
de cette institution devenue nécessaire; son développement fut l'œuvre de l'esprit public au siècle d'Auguste,
la ruine des formes surannées qui entravaient, depuis
tant de siècles, la dévolution des hérédités romaines, le
triomphe de l'équité, de la bonne foi, de la raison.

En France, une loi de 1792 interdit les fidéi-commis comme contraires au principe d'égalité, basé de notre constitution politique, à l'ordre légal des successions, à la libre circulation des biens, au crédit public ; mais si leur nécessité ne se fait plus sentir, peut-être le devons-nous aux principes d'équité que les fidéi-commis romains avaient introduits dans les testaments, et qui sont demeurés debout, malgré les événements et malgré les siècles.

DROIT FRANÇAIS.

PREUVE TESTIMONIALE.

CAS DANS LESQUELS ELLE EST ADMISE OU REPOUSSÉE.

INTRODUCTION.

§ 1er.

De la preuve en général.

1. Des faits se produisent, quelquefois en nous, le plus souvent en dehors de nous, sans nous, malgré nous ; les prouver, c'est établir l'existence de leur conformité avec nos idées. — Or, parmi ces faits, les uns nous affectent directement, nous les percevons, sans aucun intermédiaire ; d'autres nous frappent indirectement ; pour les connaître, il faut raisonner ; au

premier cas, la preuve est immédiate, intuitive ; au second elle est médiate (c'est la preuve médiate que le langage vulgaire appelle *preuve*.)

La preuve immédiate, c'est l'évidence ; appliquée aux faits qui se produisent en nous, elle prend le nom de *conscience* ; sur elle repose toute certitude ; appliquée aux faits extérieurs que nous percevons par l'organe et l'intermédiaire de nos sens, elle se confond avec la conscience, à laquelle la rapidité de nos impressions la rapporte nécessairement. Mais les faits évidents sont peu nombreux et presque toujours peu importants ; pour reculer le cercle de ses connaissances, pour s'élever du connu à l'inconnu, c'est de la preuve médiate que l'homme se sert ; deux voies s'ouvrent devant lui : la *déduction*, qui, dégageant de faits connus le fait inconnu, produit une véritable certitude ; l'*induction*, qui de faits connus, dont elle sait la loi, remonte à des faits inconnus du même ordre, mais donne seulement une probabilité.

Pour le jurisconsulte et le magistrat, la déduction est en général la preuve du *droit* ; l'induction est surtout la preuve du *fait* ; c'est à l'induction que se rattache le sujet de cette Thèse.

II. A notre point de vue, une preuve est donc tout moyen d'arriver à la connaissance des faits. Tout moyen, pourvu qu'il soit légal, c'est-à-dire autorisé par la loi pour constater le fait en question ; *concluant*, c'est-à-dire de nature à donner la conviction rationnelle de ce fait ; *juridique*, c'est-à-dire soumis à la justice dans les formes tracées par la loi, devra être admis en justice comme une preuve ; peu importe qu'il soit direct ou indirect, physique ou moral, matériel ou intellectuel.

Mais la loi, qui n'autorise pas sans distinction tout moyen de preuve, défend tantôt de constater certains faits, tantôt d'appliquer indistinctement certains moyens de preuve à tous les genres de faits. Afin d'éviter l'excès et l'abus, si faciles en cette matière, le législateur ne permet la preuve que des faits : *possibles*, ou vraisemblables, ce serait perdre son temps que de poursuivre des impossibilités ; ce serait insulter à la justice que de l'appeler à prononcer sur des chimères; *concluants*, il serait indiscret et parfois dangereux d'autoriser la preuve d'un fait, pour un motif autre que son utilité dans la cause ; il faut encore, l'ordre public le commande, que le fait en question n'ait été soustrait par la loi, ni au moyen de preuve, qu'on demande à lui appliquer ; ni à tout moyen de constatation d'une manière absolue. C'eût été ouvrir une voie trop large aux contestations que d'autoriser aveuglément tous les genres de preuves dans toutes les situations de la vie; et d'un autre côté quelle que soit la gravité de certains évènements, il est sage de les laisser dans l'ombre à cause de la difficulté qu'il y aurait à les constater ; car souvent les inconvénients du mystère sont moins à craindre que le scandale de la publicité.

III. Quant à la charge de fournir la preuve, elle incombe à celui qui tend à modifier l'état de choses existant. Celui qui se prévaut d'une obligation doit prouver qu'elle existe : *actori incumbit probatio*. Cette obligation établie, c'est au débiteur qui se prétend libéré, à prouver le fait de sa libération, le défendeur devient alors demandeur pour repousser la prétention qu'on élève contre lui, *reus excipiendo fit actor*. *Actori incumbit probatio, reus excipiendo fit actor* : ces deux principes

sont inséparables ; ils reposent sur la raison, sur la
nature des choses, sur les habitudes des hommes ; qu'il
suffise de les avoir énoncés, leur développement nous
entraînerait trop loin.

Nous connaissons la nature et les qualités de la preuve
en général, nous savons sur quels faits elle porte et par
qui elle peut être mise en avant ; arrivons à la preuve
testimoniale.

§ 2.

De la preuve testimoniale en particulier.

I. L'expérience atteste que la parole de l'homme est
la plupart du temps conforme à la vérité, c'est la loi
morale, dont nous induisons naturellement que, dans
tel cas particulier, cette parole doit nous donner la certitude. Sans doute, en face du plaisir, de la crainte ou
de l'intérêt, l'homme hésite souvent à déclarer la vérité ;
mais c'est là heureusement l'exception, surtout quand
l'amour de la justice, la crainte d'être convaincu de men-
songe, la religion du serment soutiennent et stimulent
la sincérité qui fait le fond de notre nature. Lorsqu'il
s'agit de faits assez graves pour être observés et retenus,
quand ceux qui les racontent ont pu les observer et les
retenir, si leur bonne foi est évidente, si l'unanimité
de leurs dépositions en garantit la véracité, douter encore, ce serait nier la certitude elle-même. La parole de
l'homme est donc un moyen d'arriver à connaître certains faits ; par conséquent nous devons la considérer
comme une preuve ; c'est sur elle en effet que reposent
l'histoire, la morale, la religion, les devoirs et les

droits, les liaisons, les engagements, la confiance
réciproque, le gouvernement des empires, l'ordre moral
et social tout entier.

II. Cette déclaration faite en justice sur des événements passés, émane-t-elle de parties qui ont pris à ces
événements une part active, elle constitue l'aveu ou le
serment ; provient-elle de tiers désintéressés, elle constitue la *preuve testimoniale*, preuve née de la nature et
de la nécessité, facile, simple, abondante, naturellement véridique, mais presque toujours incomplète comme le souvenir qu'elle évoque ou partiale comme le sen-
timent qu'elle retrace.

III. La loi française n'admet qu'à regret la preuve
testimoniale ; on comprend ses appréhensions : quand
les mœurs sont pures et la religion du serment respectée,
il est naturel, il est facile d'ajouter pleine foi au
témoignage ; mais lorsque le progrès des fausses lu-
mières a fait disparaître la sincérité, que tous les principes semblent incertains, que le parjure se vend et
s'achète, le témoignage devient suspect et insuffisant ; la
fortune et l'honneur des citoyens perpétuellement me-
nacés, exigent des garanties plus sérieuses ; le législateur
qui leur doit le calme, la paix, la sécurité, s'est souvenu
de cette sentence triviale passée en proverbe dans toutes
les langues, qu'un mot s'envole, mais qu'un écrit reste ;
il a concilié dans de justes proportions la nécessité d'un
élément fixe et les exigences des situations ; mais peut-
être la part qu'il assigne au témoignage est-elle trop
large et les rigueurs dont il l'environne, sont-elles encore impuissantes.

NOTIONS HISTORIQUES.

I. La preuve testimoniale est la plus ancienne de toutes les preuves ; c'est elle qui, chez les peuples
primitifs, a gardé intactes la religion et les lois pendant
des siècles ; à l'origine, elle dut être la preuve ordinaire
et privilégiée ; c'était, en effet, la plus facile à fournir
et à comprendre ; et nous n'en trouvons pas d'autre parmi ces grands peuples d'Assyrie, de Perse,
d'Egypte, dont l'origine se perd dans la nuit des premiers âges.

II. Moïse l'assujettit à certaines formes : *non stabit
testis unus contrà aliquem... sed in ore duorum aut trium
testium ; stabit omne verbum* (Deut. chap. 19, v. 15.) Il
exigea que l'homicide fût lapidé par les témoins qui
l'avaient accusé ; il prononça contre le faux témoin la
peine du talion : *reddent ei sicut fratri suo facere cogitavit*
(Deut. chap. 19, v. 19) ; mais, nulle part, il ne détermine les faits auxquels cette preuve pourra s'appliquer.

III. Lycurgue et Solon, eux non plus, n'assignèrent
pas de limites à l'admissibilité de la preuve testimoniale,
et nous savons comment un caprice de la Grèce susci-
tait des faux témoignages contre les plus grands citoyens,
et comment une populace frivole et jalouse se vengeait
de leur gloire et de leur vertu par l'ostracisme.

IV. Le Romain primitif, sobre, réfléchi, religieux,
ignorant et trop fier pour estimer rien au-dessus de sa
parole et de sa lance, accueillit la preuve testimoniale
avec une faveur qui demeura longtemps sans limites.
Qu'on ne s'étonne pas de voir les maîtres du monde respec-

ter pendant des siècles ce dangereux moyen de preuve; les formes solennelles, la stipulation; les formules protégeaient assez énergiquement les institutions contre l'invasion de l'arbitraire; aussi, cette sentence de Paul, *testes cum de fide tabularum nihil dicitur, adversus scripturam interrogari non possunt* (1) proclama-t-elle un principe nouveau. Comment les Romains, qui se fiaient assez à la mémoire pour lui confier des actes solennels et des jugements, auraient-ils été plus rigoureux pour la constatation de simples engagements?

C'est au VIe siècle seulement et à Constantinople que pour le paiement des dettes contractées par écrit, l'on en vint à exiger un écrit ou la présence de cinq témoins. Et cependant, il y avait loin de la parole d'un Romain primitif à celle d'un affranchi du Bas-Empire! Tacite avait écrit depuis longtemps : *quibus deerat inimicus per amicos oppressi*, dans les procès criminels, des rixes déshonoraient le forum, sans cesse envahi par la foule des *laudatores* ou des accusateurs publics; les témoins fuyaient la justice; dans les débats civils, on n'osait pas les forcer à comparaître; le supplice de la Roche-Tarpéienne, la relégation n'effrayaient plus personne, et Justinien dut se borner à frapper le faux témoignage d'une peine arbitraire, c'est-à-dire plus douce, comme si la corruption des mœurs devait amener l'affaiblissement des lois! Cependant, les hommes libres étaient moins nombreux que de nos jours; entre un petit nombre de mains étaient concentrées toutes les richesses de la terre, les contestations étaient quelquefois acharnées, elles ne pouvaient pas être très-fréquentes, et si l'incon-

(1) Sent. lib. 5, tit 13, § 4.

venient du témoignage était sérieux, il était encore peu
multiplié. L'usage de prouver par témoins était d'ailleurs
tellement enraciné dans les mœurs, que, malgré les édits
de Marc-Aurèle pour l'inscription des naissances, l'état
des citoyens (à moins que leur ingénuité ne fût contestée),
ne cessa pas de se constater par le témoignage et que
la 74e novelle de Justinien, ayant exigé un écrit pour la
preuve du mariage, la novelle 117 dut restreindre cette
sage innovation aux grands dignitaires de l'empire ; et
quel n'était pas le danger de cette preuve mobile quand
aucune cérémonie solennelle et spéciale n'était exigée
pour le mariage ! quand la *concubina* ne se distinguait
de l'*uxor* que par la nature de l'affection qu'elle inspi-
rait ! et quand un si grand nombre de femmes romaines
ne comptaient plus leurs années que par leurs divorces
ou leurs adultères !

V. Chez les barbares, le témoignage est l'objet du
même respect ; on l'environne de formes sacrées ; il se
fait à jeun, sur l'anneau trempé dans le sang des vic-
times, en attestant Odin et Thor. Chaque témoin amène
à sa suite un cortège de *conjuratores* (six, douze, cin-
quante et jusqu'à six cents) qui jurent non pas du fait
qu'ils ignorent, mais de la bonne foi de l'ami ou du
parent qui témoigne. Il faut ces formes solennelles pour
graver le souvenir d'actes aussi sérieux dans la mémoire
de hordes vagabondes, et chose étrange ! au milieu des
orgies sanglantes qui souillent les forêts de la Germa-
nie, il semble que l'instinct de la vérité survive à toute
notion de justice. La loi des Francs Saliens condamne
le faux témoin à perdre le poing s'il ne peut payer sa
composition ; *perdat manum aut redimat*, disent les ca-
pitulaires, en reproduisant cette sévère pénalité ; l'Edda

réservé pour les parjures les plus affreux châtiments
de son enfer, et l'on dit en Suède que l'herbe ne croît
pas sur leur tombeau.

Les témoins sont-ils muets ou en désaccord, la nature
désigne le coupable que les hommes n'ont pas décou-
vert ; la mythologie du Nord révère dans l'eau et dans
le feu des divinités tutélaires et vengeresses que les
Francs païens appellent en témoignage. Devenus chrétiens, ces peuples conserveront long-temps leurs prati-
ques superstitieuses, parce que s'ils ont changé de
culte, ils n'ont pas encore changé de mœurs et que dans
leurs idées grossières, celui qu'a désigné le sort est accusé par Dieu lui-même.

VI. Quand la féodalité eut pris la place de la barba-
rie, l'Eglise, alors toute-puissante, fit disparaître les
épreuves de l'eau et du feu ; mais le duel, vieux reste
des mœurs barbares, tendit à remplacer devant les
tribunaux toute autre preuve; vainement les papes
fulminèrent contre lui leurs anathèmes ; vainement
Grégoire IX recueillit toutes les décrétales des pontifes
ses prédécesseurs pour ordonner le serment ; entre les
guerriers du 12e siècle, un litige ne fut qu'un combat
où le droit devait être conquis au prix du sang, où les
témoins soutenaient leurs dires à coups de massue, en
prenant pour arbitre et juge du camp Dieu lui-même.
Pendant deux siècles, les rois ne furent pas plus obéis
que ne l'avaient été les papes; les jurisconsultes eurent la présomption d'essayer ce qu'avaient tenté les
princes, ils échouèrent ; c'est en 1386 seulement que
le duel disparut définitivement des tribunaux pour se
réfugier dans les mœurs des hommes de guerre et sur-
vivre jusqu'à nos jours, au triple anathème de la foi
chrétienne, de la raison et de la loi.

Au duel, les assises de Jérusalem opposaient la preuve testimoniale, l'aveu, le serment; les croisades nous transmirent cette inspiration de l'Orient, et il faut en convenir, l'honneur et la bonne foi du moyen-âge, le symbolisme de la vie civile, dont tous les actes parlaient aux yeux, permettaient de compter sur la sincérité du témoignage, comme sur la fidélité des souvenirs.

Enfin, pour les conventions, apparut la preuve littérale, timide et méprisée d'abord, elle reçut l'hospitalité des monastères; on lui confia bientôt la conservation des actes du pouvoir royal et de l'autorité judiciaire; pour les annuler, il fallut désormais en prouver la fausseté ou l'altération (*falsare chartam*); mais entre les citoyens, un écrit n'était encore qu'un renseignement sans présomption légale de vérité; cependant une réaction se préparait, l'écriture allait changer de scène et de rôle.

VII. Le droit de l'église permettait de contracter mariage par des paroles de présent (*verba de præsenti*) sans cérémonie particulière, car les docteurs n'exigeaient la bénédiction nuptiale que pour le sacrement. Aussi, la mémoire de ceux qui entendaient les paroles étant fugitive, le mariage ne cessa de se constater par la nature des relations, que lorsque, dans sa 24e session, le Concile de Trente, en prononçant la nullité des unions clandestines, eut exigé la présence du curé et de plusieurs témoins à la célébration elle-même.

Les décrétales, toujours favorables au témoignage, refusaient toute foi au dire d'un témoin unique, fût-il archevêque, patriarche ou empereur; une seule exception avait lieu en faveur du pape. Saint Thomas-d'Aquin n'admettait pas que le dire de deux ou trois témoins suffît pour condamner un homme d'église. Les conciles d'El-

vire , d'Agde, de Vannes , d'Arles , excommuniaient le
faux témoin. Tel était le droit de l'église.

VIII. Quand disparurent les jugements de Dieu et que,
devant des tribunaux mieux éclairés , les contestations
se tranchèrent plus rarement avec le glaive, la preuve
testimoniale essaya de renaître; toujours admise , mais
souvent dominée , elle prit le sceptre à son tour ; en
dehors des cloîtres, peu d'hommes savaient rédiger un
acte ; d'ailleurs la rareté du numéraire assurait celle des
contestations et la bonne foi pouvait servir de sauve-
garde à la parole. Mais déjà l'usage de l'écriture tentait
de s'introduire en justice. Dès le XIIIe siècle , Beauma-
noir écrivait : *Si cil qui s'obliga nie l'obligation , il ne li
convient prover for par lettres* (1); il est vrai que le
témoignage reprit le dessus; puisque, deux siècles après,
nous trouvons dans Bouteiller : « S'il advient qu'en jugement une partie se veuille aider de lettres en preuve,
et l'autre partie se veuille aider de témoignage singulier,
sachez que la vive-voix passe vigueur de lettres, si les
témoins sont contraires aux lettres »; toutefois, à propos
de rentes annuelles , il ajoute : « Lettres sont plus à
croire que vive-voix de témoins, si on ne propose fausseté contre lesdites lettres » (2).

Depuis longtemps, en matière de conventions , la
preuve écrite obtenait tous les jours plus de faveur. Le
2 juin 1319, Philippe-le-Long décide qu'à l'avenir « ser-
gents, messiers et forains ne seront crus, en leur rapport que jusqu'à cinq sols ». En 1336 , le premier acte
régulier est rédigé en Normandie ; cependant l'on admet

(1) Chap. 39, § 3.
(2) Somme rurale , tit. 106.

encore que *témoins passent lettres*. L'Italie qui, près de vingt siècles auparavant, avait mis en vigueur cette maxime, fut la première à la renverser : en 1453, un statut de Bologne, approuvé par le Pape Nicolas V ; en 1498, les statuts de Milan défendent la preuve par témoins de paiements supérieurs à cent livres.

IX. La France suivit enfin cet exemple. Au mois de février 1566, sur les remontrances du parlement de Toulouse, parut l'ordonnance de Moulins, œuvre du chancelier de l'Hôpital ; « elle dépassa, dit Pasquier, *d'un long entreject* tout ce qu'on avait vu jusque-là en France ». Son article 54 était conçu en ces termes : «Pour obvier à multiplication de faits que l'on a vu ci-devant être mis en avant en jugement, sujets à preuve de témoins et reproches d'iceux, dont adviennent plusieurs inconvénients et involutions de procès, nous avons ordonné et ordonnons que doresnavant, de toutes choses excédant la somme ou valeur de cent livres, pour une fois payer, seront passez contrats pardevant notaires et témoins, par lesquels contrats seulement sera faite et reçue toute preuve es-dites matières, sans recevoir aucune preuve par témoins outre le contenu au contrat, ne sur ce que serait allégué avoir été dit ou convenu avant icelui, lors et depuis ». Les dispositions nouvelles n'atteignaient pas les marchands « qui besognent de bonne foi entre eux, sans témoins ou notaires, et sans observer la subtilité du droit ». Aussitôt la pratique des tribunaux s'insurgea : *cum primum nata et promulgata fuit hæc Carol. IX, regia sanctio*, écrit Boiceau, *plerisque visa est dura et odiosa et juri contraria*. C'était en effet renverser de fond en comble les vieux principes du Droit Romain, favoriser la mauvaise foi, astreindre une nation peu lettrée à des écrits gênants et coûteux ; la jurisprudence contemporaine n'appliqua l'ordonnance qu'aux contrats. Ce monument eut néanmoins pour lui les esprits graves : *nulla, toto hoc sæculo, constitutio ac lex regia sanctior ac probatior visa fuit amplissimo nostro Galliæ senatui*, ajoute le même Boiceau ; la postérité a confirmé ce jugement, et la célèbre maxime *lettres passent témoins* paraît destinée à devenir bientôt celle de toutes les nations civilisées.

Dès-lors, notre législation s'ébranle ; les réformes se multiplient : l'ordonnance de Villers-Cotterets en 1539 ordonnait la mention sur les registres paroissiaux du jour et de l'heure des naissances et des décès ; celle de Blois en 1579 renouvelle cette injonction mal observée ; le concile de Trente et les ordonnances de nos rois défendent de contracter mariage, sans témoins, ce n'était pas assez : en 1639 une autre ordonnance interdit de faire par témoins la preuve directe du mariage ou celle des paroles de présent ; elle exige un écrit constatant la célébration de cet acte solennel devant l'église ; elle repousse la possession d'état qui fût devenue trop souvent la législation de la débauche ; à peine la tolère-t-elle pour faire la preuve des mariages protestants célébrés *au désert*, ou pour autoriser, à défaut de tout autre moyen, la preuve testimoniale.

X. Tous les jours se faisait sentir le besoin d'écarter l'arbitraire et l'équivoque, pour donner à la pensée des parties une expression fixe qui permit de la saisir après coup ; le témoignage ne pouvait remplir ce but ; Louis XIV lui porta le dernier coup. Sous son règne, la grande ordonna   67, rédigée par Pussort, conseiller d'Etat,   un siècle, les règles de l'ordon-

nance de Moulins; défend la division des sommes considérables en fractions de cent livres ; prescrit de réunir dans le même exploit toutes les demandes non justifiées par écrit, quel que soit leur titre ; abolit l'enquête par tourbe, au moyen de laquelle se constatait encore la coutume non écrite, mais permet l'enquête à futur pour prévenir le résultat fâcheux de la mort ou de la disparition d'un témoin. Au reste, cette ordonnance ne s'étend qu'aux contrats et aux distrats, et autorise pleinement le témoignage, au cas d'un dépôt nécessaire, ou s'il existe un commencement de preuve par écrit. L'ordonnance prescrivait aussi le dépôt des actes de l'état civil aux siéges des bailliages et sénéchaussées, mais cette matière ne fut organisée qu'en 1736 pour les catholiques, et en 1785 pour les protestants.

Il faut donc en convenir, un grand mouvement s'opérait dans la théorie qui nous occupe, et quand la révolution vint le précipiter, la France possédait déjà tous les éléments à l'aide desquels un législateur nouveau allait créer notre système de la preuve testimoniale.

Restait une procédure surchargée d'entraves : la justice cachait sa marche avec autant de soin que devait le faire le crime; les reproches et les exclusions, distingués depuis l'ordonnance de 1667, n'étaient pas encore limités ; la certitude légale résultant invinciblement de deux dépositions conformes et non suspectes, était soumise à certaines conditions; *voix d'une voix de num*, répétait Loysel ; on en était venu à compter certains témoignages comme des fractions. Mais le serment des témoins n'avait pas cessé d'être en usage, il se prêtait, la main nue, sur le livre des Evangiles, et nos pères, plus religieux que nous, n'envisageaient qu'avec frayeur cet acte redoutable. Le faux témoignage était rangé au nombre des crimes ; les établissements de Saint-Louis l'avaient puni d'une amende arbitraire ; sa peine devint ensuite la mort, et si une jurisprudence plus douce réservait exclusivement ce supplice aux faux témoins en matière capitale, ce fut en désobéissant au texte précis des lois.

XI. Aujourd'hui les idées se rapprochent comme les distances ; avec la diversité des mœurs, celle des lois tend à disparaître ; les législations européennes gravitent autour d'un même centre, dans lequel elles semblent destinées à se confondre.

En matière de conventions, lettres passent témoins, dans la plupart des États d'Europe. Le Code Sarde n'autorise le témoignage que pour les sommes ou valeurs qui n'excèdent pas 300 fr. ; le Code du canton de Vaud le tolère jusqu'à 800 fr.; à la vérité, les lois de Berne n'exigent d'écrit que dans certains cas déterminés ; mais toutes les fois qu'un écrit a été rédigé, il n'est plus permis de venir prouver par témoins les conventions qu'on prétend avoir été faites avant, pendant ou après.

L'Allemagne ne croit pas encore à la parole d'un seul témoin ; mais déjà l'Autriche, si fidèle aux traditions germaniques, si favorable au témoignage qu'elle reçoit et qu'elle respecte, en toute matière le repousse en présence d'un écrit sérieux et régulier.—La Belgique est soumise au Code Napoléon.—La Prusse admet le système français pour la preuve des mariages. L'ordonnance de 1667 semble destinée à devenir bientôt la loi générale. — L'Angleterre elle-même, et quand il s'agit de restreindre la liberté de la parole, quelle ne doit pas être son autorité !... l'Angleterre s'est méfiée du témoignage dans toutes les conventions dont l'objet est un immeuble valant plus de 10 livres sterling; elle le repousse impitoyablement, même devant les Cours d'Equité, s'il essaie de prouver contre la teneur d'un écrit. Toutefois, en Angleterre, c'est là peut-être un reste de vieilles coutumes, le mariage, bien qu'il existe des registres pour les dissidents eux-mêmes, se prouve par commune renommée; mais, par une bizarrerie qu'on ne comprend pas, si au mariage se rattachent des droits personnels, la simple possession d'état autorise à les réclamer; si ce sont des droits réels, il faut, par tous les moyens possibles, chercher à prouver au jury la célébration du mariage. —Le Danemarck, la Suède, la Norwège n'ont jamais limité l'empire de la preuve testimoniale, peut-être y a-t-il encore chez ces races du Nord plus de sincérité qu'on n'en retrouve chez nous; peut-être aussi ne tarderont-elles pas à sentir la nécessité d'imposer aux conventions une forme précise qui fixe pour toujours leur véritable portée. — On peut affirmer que chez les nations avancées en civilisation, le règne du témoignage est passé; on se méfie à bon droit d'une parole qui trop souvent déguise la vérité; on redoute la multiplicité des procès, conséquence inévitable de la multiplicité des richesses; et l'on s'en tient à ce vieil adage de Loysel : « Fol est qui se met en enquête; qui mieux abreuve mieux preuve.. »

XII. Etudier la preuve testimoniale dans ses principes philosophiques, en signaler les avantages et les défauts, la suivre dans ses variations, c'est assez préparer les développements dans lesquels nous allons entrer.— Dans notre siècle, et en particulier dans notre législation, cette preuve a cela d'important que son admissibilité soulève une question préjudicielle fort grave. — Les restrictions nombreuses apportées par nos lois à la liberté du témoignage tiennent uniquement à la nature des faits et non à celle de la juridiction qui doit en connaître; au civil et au criminel, elles sont à peu près les mêmes, il n'y a de différence radicale que dans l'administration de la preuve; les bornes de ce travail ne nous ont pas permis d'examiner ce côté pratique de la preuve testimoniale. Après avoir étudié le témoignage, dans sa théorie, nous aurions aimé à nous engager avec le législateur dans les sentiers tortueux de la procédure, à suivre pas à pas cette lutte opiniâtre de la loi contre la fourberie, à discuter les précautions de la première, les ruses de la seconde, à signaler les lacunes de la législation; puis, pour être complet, nous aurions traité du faux témoignage, l'écueil de la preuve testimoniale; c'eût été là peut-être un intéressant objet d'études, nous l'avons abandonné à regret.

CHAPITRE PREMIER.

EXCLUSION DE LA PREUVE TESTIMONIALE.

La crainte de la subornation des témoins et de la multiplicité des procès a inspiré aux rédacteurs du Code Napoléon l'art. 1341, principe et fondement de notre matière. Cet article contient deux dispositions distinctes; en vertu de la première, il doit être passé acte de toute chose excédant la somme ou valeur de 150 fr.; la seconde défend de recevoir aucune preuve par témoins outre et contre le contenu aux actes. Par conséquent, dans certains cas la preuve testimoniale est exclue à *priori*, fût-elle la seule ressource de la partie qui l'invoque, et lorsqu'il a été rédigé un acte, elle est repoussée seulement à *posteriori*.

Il eût semblé naturel de placer au Code de Procédure le chapitre des preuves en matière ordinaire : si le législateur ne l'a pas fait, c'est par une aveugle imitation de Pothier qui, traitant spécialement des obligations, devait énoncer le moyen de les constater ; avec plus de méthode, notre législation pénale a complétement séparé la théorie des actes incriminés des moyens d'en poursuivre la répression.

§ 1er.

Exclusion de la preuve testimoniale au-dessus de 150 fr.

Nº 1. — *Etendue de cette exclusion.*

1. L'art. 1341 pose ce principe absolu, qu'il doit être passé acte de toutes choses excédant la somme ou valeur de 150 fr. ; c'est-à-dire qu'il doit être rédigé un écrit pour tout fait dont l'objet est d'une valeur supérieure à 150 fr. Quelle que soit sur ce point délicat, la vivacité de la controverse, nous ne saurions croire que la règle de l'article 1341 soit spéciale aux conventions ; ce qui le prouve c'est que les mots *toutes choses* ont été substitués après coup dans notre article, aux expressions du projet : *toutes conventions sur choses* ; ce sont encore les termes de l'article 1348, qui déclare excepter de la règle les délits, les quasi-délits et toutes

les circonstances qui rendent la rédaction d'un acte impossible, comme si on pouvait excepter d'une règle autre chose que les cas qu'elle embrasse et qui sans une exception formelle resteraient soumis à son empire. Quel serait le sens de l'article 1348 si l'article 1341 était moins absolu ? Sans doute, la jurisprudence des parlements n'exigeait un écrit qu'en matière de conventions; mais, en présence de l'article 1341, les anciennes ordonnances ne sont plus qu'une lettre morte. Sans doute, il y a surtout au fond de cette querelle une question de méthode; mais nous ne redoutons pas la question sur ce terrain; quand on entend notre règle de tous les faits ou événements, qui représentent un intérêt supérieur à 150 fr.; quand on en excepte seulement les circonstances dans lesquelles la rédaction d'un écrit a été impossible, quelle difficulté peut s'élever sur la portée de cette disposition de la loi ? Si l'on déclare, au contraire, que l'article 1341 doit être restreint, jusqu'où doit-il l'être, et pour quels faits ? Il est impossible de le préciser. Des esprits éminents s'effraient de la généralité que nous donnons au principe de l'article 1341 ; une partie de la jurisprudence nous condamne ; mais en matière de principe, la liberté d'opinion ne doit s'incliner que devant la logique ou devant la loi ; toutes les fois que la loi est formelle, l'interprétation est dangereuse, et si l'application est possible, on n'a pas le droit de reculer devant elle.

II. En règle générale, l'écrit, et cette précision est importante, n'est pas exigé comme condition de validité, mais comme moyen de preuve ; tel fait sera juridique et régulier, qui ne pourra se prouver par témoins ; cela ressort de la seconde phrase de l'article 1341, du sens des articles suivants , de la rubrique même de notre section et surtout des antécédens du Code. On ne songe pas à le contester.

III. La loi dit : *somme* ou *valeur* de plus de 150 fr.; car l'objet réclamé peut ne pas être de l'argent ; dans ce cas , comme la loi n'a pas déterminé d'élément auquel il soit possible de s'attacher , le juge est investi d'un pouvoir discrétionnaire forcé ; il détermine ou fait déterminer par experts le chiffre représentatif de la valeur dont il s'agit. Il ne pourrait s'en rapporter à l'estimation du demandeur si elle n'était reconnue sincère et acceptée par le défendeur ; et l'enquête n'étant pas de droit commun, le défendeur pourrait repousser les témoins en offrant de prouver que le taux légal est dépassé.

IV. Ce qu'il faut considérer pour déterminer le dernier ressort, c'est le chiffre de la demande; pour savoir si l'intérêt en question excède 150 fr., et si la preuve testimoniale est admissible , c'est le montant réel et intégral du droit qui résulte pour le réclamant du fait qu'il demande à prouver; ce droit repose-t-il sur le fait d'un paiement effectué, l'on considère l'importance du droit réclamé et non la valeur du paiement invoqué comme fait générateur ou conservateur du droit. La loi ne permet pas de doute à cet égard : L'article 1341 , en ordonnant de passer acte, se reporte bien évidemment au moment même où s'accomplit l'événement générateur du droit ; l'article 1343 veut que ma demande soit rejetée , alors même qu'après avoir réclamé, dans le principe, une somme supérieure à 150 fr., je ne demanderais à faire la preuve que jusqu'à ce chiffre ; l'article 1344 me repousse du moment qu'il est reconnu que la somme par moi réclamée fait ou fesait partie d'une somme supérieure à 150 fr.; par cela seul qu'à un instant quelconque, le droit dont je prétends faire la preuve a excédé 150 fr.; la preuve testimoniale m'est refusée, je suis en faute pour n'avoir pas exigé d'écrit.

N° 2. — *Conséquences du 1er principe de l'art. 1341.*

Du principe qui prohibe le témoignage au-dessus de 150 fr., il résulte : que le témoignage est inadmissible 1°, par cela seul que l'intérêt en question excédait la limite, dans l'origine et quoiqu'il soit moindre actuellement; 2° par cela seul que l'intérêt en question excède la limite actuellement, et quoiqu'il fût moindre dans l'origine; les art. 1343 et 1344 développent ces deux idées.

I. 1re *Conséquence.* Si le fait en question était, dès l'origine, supérieur à 150 fr., la preuve testimoniale est inadmissible, l'intérêt actuellement réclamé fût-il inférieur à cette somme; la loi voit de mauvais œil les contestations ou l'arbitraire, elle exigeait une preuve stable dès le principe, le réclamant est en faute pour ne l'avoir pas obtenue. Je vous devais et je vous dois encore 200 fr., vous ne pouvez prouver par témoins, bien qu'après avoir intenté votre action pour 200 fr., vous déclariez la restreindre à 150 fr. Il en serait, du reste, autrement si vous prouviez que votre créance n'est que de 150 fr., et que vous en avez réclamé 200 par erreur, car une simple erreur de fait ne peut être un prétexte pour exiger un écrit.

Vous ne pourrez prouver par témoins, n'eussiez-vous réclamé d'abord que 150 fr. sur les 200 qui vous sont dûs, et n'eussiez-vous demandé à faire preuve de votre créance que jusqu'à 150 fr. ; la somme demandée se trouverait alors faire partie d'une somme plus forte, qui excède les limites fixées par la loi. Si, en réclamant 150 fr. seulement, vous gardez le silence sur les 50 fr. de surplus, sans doute les témoins pourront être entendus; mais quand il résultera de leur déposition que cette somme de 150 fr. fait partie d'une somme plus forte, leur témoignage sera inutile et la preuve qu'ils auront fournie devra être repoussée.

Si cette somme inférieure à 150 fr. est la fraction à vous échue d'une créance, dont les autres fractions ont passé à vos cohéritiers par le décès du créancier primitif, le témoignage ne sera pas non plus admis, et c'est surtout en vue de ce cas particulier que le tribunal fit ajouter à l'article 1344 ces mots : « ou faire partie. »

Enfin on ne peut prouver par témoins une créance inférieure à 150 fr., lorsqu'elle est le reliquat d'une somme supérieure à ce chiffre, et ici encore la demande devrait être rejetée, si les témoins, ayant été admis à déposer, parce que les juges ignoraient cette circonstance, elle résultait de leur déposition. — Il en serait autrement si le créancier offrait seulement de prouver par témoins une promesse postérieure à la dette primitive et portant spécialement sur la somme réclamée inférieure à 150 fr. Ainsi je vous prête 300 fr., devant témoins ; vous m'en remboursez 160 ; je ne puis, si vous niez votre dette, faire entendre, pour obtenir le paiement des 140 fr. que vous me devez encore, les témoins devant lesquels vous avez reçu mes 300 fr., ce serait là déposer en réalité d'une créance de 300 fr., et la loi le défend expressément. Mais si, après m'avoir emprunté 300 fr., vous venez, en présence de témoins, me rembourser 160 fr.

et me promettre, pour une époque que vous assignez, les 140 autres, ces témoins pourront être entendus, car la créance de 300 fr. n'aura aucun rôle à jouer et les témoins devront uniquement déclarer si tel jour vous vous êtes reconnu envers moi débiteur de 140 fr. Il ne s'agit pas de prouver pourquoi vous m'avez promis, mais si vous m'avez promis, et comme l'objet de votre promesse n'excède pas la somme de 150 fr., comme la preuve que je demande à faire ne remonte pas aux 300 fr., mais porte uniquement sur 140 fr., la preuve testimoniale pourra être admise (1). A plus forte raison le témoignage sera-t-il admissible si je n'ai jamais été créancier que pour les 140 fr. que je réclame ; ainsi je vous vends 300 fr. un cheval ; vous payez à l'instant même 160 fr. ; vous reconnaissez, devant témoins, me devoir encore 140 fr. ; ces témoins pourront être entendus, puisqu'il s'agira de prouver tout simplement que devant eux vous avez reconnu me devoir 140 fr., et ces 140 fr. ne sont pas le reste d'une créance plus forte, car l'autre partie du prix m'ayant été comptée au moment de la livraison du cheval, je n'ai jamais été votre créancier pour elle (2). Ne disons donc pas, avec M. de Malleville (3), que la preuve testimoniale peut être admise si le créancier ne déclare pas que la somme par lui réclamée est le reste ou la partie d'une créance supérieure à 150 fr. : non, en pareil cas la preuve testimoniale doit être refusée, parce que la loi la refuse, et que l'admettre se-

---

(1). V. Pothier, 756, et Touiller, IX, 46.

(2). V. Duranton, XIII, 322, et Marcadé, art. 134.

(3). Sur l'art. 1344 v. Touiller, IX, 43, 46, Duranton, XIII, 325, Bonnier, 92.

rait accorder une prime à des fraudes qui deviendraient innombrables. Ne disons pas non plus, comme M. Duranton, que ce qui détermine, si le témoignage est admissible, c'est le chiffre de la demande ; car, si la crainte des faux témoignages a préoccupé le législateur, il a voulu aussi couper court aux difficultés, aux lenteurs, aux embarras inextricables que l'admission du témoignage entraîne nécessairement avec elle. A ces deux points de vue, la loi s'est attachée au chiffre de 150 fr., parce que si le témoignage était souvent dangereux, souvent il était nécessaire ; parce que s'il eût été funeste de l'autoriser sans restriction, il eût été impossible de l'interdire d'une manière absolue et d'exiger un écrit, c'est-à-dire souvent un acte notarié pour constater des créances de 100, de 50, de 20, de 10 fr. que leur modicité met à l'abri du danger des faux témoignages, et que la nécessité d'un écrit est absorbé en trop grande partie. Mais, abstraction faite du danger de faux témoignage, le législateur veut exclure autant que possible la preuve testimoniale ; voilà pourquoi il exige un écrit dès que l'intérêt en question excède 150 fr.; si donc sa disposition vous atteignait pour l'objet dont vous réclamez une partie quelle qu'elle soit, vous tendez à introduire la preuve testimoniale dans une circonstance d'où elle est exclue; la justice n'a pas à vous entendre.

II. 2e *Conséquence.* La loi consacre l'inadmissibilité du témoignage pour tout ou partie d'un intérêt qui se trouve excéder 150 fr. lors de la demande, quoique dans l'origine il fût inférieur à cette somme ; ici la subornation des témoins était à craindre, et quoique le réclamant fût d'abord dans la légalité, il est en faute pour ne pas s'être procuré de titre écrit lorsqu'il a vu son droit dépasser 150 fr.

L'art. 1342 applique cette idée au cas d'une créance unique s'augmentant de ses accessoires ; quels sont ces accessoires ? les intérêts échus au moment de la demande en justice , ceux-là seulement, jamais ceux qui viennent à échoir pendant l'instance, car il serait injuste que mon débiteur pût aggraver ma position en me refusant un titre ou un paiement ; et si la preuve testimoniale m'était permise lorsque j'ai formé ma demande , il est naturel que je puisse l'employer encore , quoique mon procès se prolonge et traîne en longueur.

L'art. 1345 étend la même idée à la réunion de plusieurs créances. Lorsqu'une personne est devenue successivement créancière d'une autre personne pour différentes sommes ou valeurs, dont chacune est inférieure à 150 fr., mais dont l'ensemble excède ce chiffre , elle a dû, au moment où ses droits dépassaient le chiffre légal, réclamer de son débiteur un écrit. Telle est la volonté de la loi, volonté formelle , car , de peur que le créancier ne forme autant d'instances qu'il a de créances distinctes, l'art. 1346 (et l'ordonnance de 1667 le voulait ainsi), lui prescrit de réunir toutes ses demandes dans un seul exploit après lequel il ne pourra plus en former aucune.

III. Dans la composition du total qui rend la preuve testimoniale inadmissible, on ne doit pas compter les créances qui sont de nature à se prouver toujours par écrit; serait-il logique de refuser le bénéfice du témoignage , sous prétexte que leur réunion dépasse 150 fr. à des créances dont chacune, fût-elle supérieure à cette somme , serait exceptée des prohibitions de la loi ?

Quant aux droits qui n'étant soumis ni à l'art. 1347, ni à l'art. 1348, sont nés chez des personnes diverses

pour ne se trouver que , plus tard , réunis sur la même
tête , une exception était aussi nécessaire , car il n'y a
plus de contravention à la loi dès que la jonction des
créances résulte non plus d'un contrat intervenu entre
le même créancier et le même débiteur , mais de la force
des choses ; cette exception est faite par l'art. 1345 pour
les cas de succession, donation et quelques autres qu'il
s'agira d'apprécier ; mais rien, malgré l'opinion de Touiller (1), n'autorise l'extension de cette exception aux
droits qui, provenant d'une seule personne, se sont
divisés plus tard entre plusieurs, car les exceptions sont
de droit strict ; si la loi ne les étend pas , qui peut les
étendre ? D'ailleurs, en vertu de quel principe, le droit
des héritiers d'un créancier serait-il plus étendu que celui
du créancier lui-même ? Les créances ne sont ni plus
distinctes, ni plus séparées qu'auparavant, et les créances divisées sont réunies pour partie sur la tête de chaque héritier comme elles étaient réunies pour le tout
sur la tête du défunt. Et si l'on admet qu'elles soient
vraiment séparées, admettra-t-on que, pour être passées d'un seul créancier à plusieurs , elles sont devenues
plus énergiques ? Depuis quand un créancier en divisant
les créances multiples qui lui appartiennent, peut-il aggraver la situation de son débiteur ? Il suffirait donc pour
établir par témoins douze créances de 100 fr. , de faire
poursuivre leur remboursement par autant de cession-
naires ! !...

Les créances des art. 1347 et 1348 , et celles qui
proviennent de personnes différentes, resteront en dehors du calcul à faire, sans qu'on ait à considérer si

(1) IX, 52.

elles sont antérieures aux autres créances du même demandeur ou si elles leur sont postérieures.

IV. L'art. 1345 veut donc dire que la preuve testimoniale est inadmissible pour l'ensemble des droits que
l'on peut avoir contre une même personne et pour chacun de ces droits toutes les fois que leur réunion dépasse 150 fr. , à moins qu'ils ne soient provenus de
personnes différentes , ou que la loi les enlève expressément à la prohibition de la preuve par témoins.
C'est là une conséquence forcée de l'art. 1341. Du moment que la loi, redoutant la corruption des témoins ,
mettait mon prétendu débiteur à l'abri de la preuve
testimoniale, toute les fois que sa dette excédait 150 fr.,
elle devait nécessairement arriver à la régle subsidiaire
de l'art. 1345 ; sans cela, il m'eût été trop facile de me
procurer, selon l'occasion, 300, 500 fr. ou plus encore;
j'aurais fait déposer, par des témoins subornés, que tel
individu me devait 100 fr. pour un prêt fait à telle
époque; puis 150 fr. pour le prix d'un objet vendu à
telle autre époque et ainsi de suite ; qu'on ne me dise
pas que je ne serais jamais arrivé à produire un nombre suffisant de témoignages; sans doute, il faudra des
témoins différents pour des créances différentes; mais
si je suis assez fripon pour corrompre deux ou trois
témoins, qui m'empêchera d'en suborner six, huit ou
dix ?

L'art. 1839 exige que toutes les sociétés soient ré-
digées par écrit , lorsque leur objet est d'une valeur supérieure à 150 fr. ; mais , puisque toutes les dispositions de la loi, dans la matière qui nous occupe,
ont le double but de prévenir les procès et la
corruption des témoins, les témoins doivent être écartés,

soit quand l'objet total de la société dépassait primitive-
ment 150 fr. , soit quand il est actuellement supérieur
à cette somme ; car si la société a diminué de valeur ,
on ne peut admettre de témoins pour une somme qui
serait le reste d'une créance plus forte non prouvée par
écrit ; et si elle a augmenté de valeur, on ne peut les admettre non plus, les bénéfices étant capitalisés ; toutefois,
cette idée ne doit être appliquée qu'avec réserve, car les
bénéfices n'étant pas, comme les intérêts, déterminés
d'avance , le fait seul de leur échéance ne suffit pas
pour qu'il en doive être dressé acte, s'ils n'ont pas été
ajoutés à la masse sociale. Si donc l'échéance même de
ces bénéfices était le signal de la dissolution de la société , il serait déraisonnable d'exiger un écrit des associés, s'ils ne s'y étaient pas astreints en se réunissant.
C'est conformément à ces idées que la cour de Turin
admit la preuve testimoniale d'une société pour mettre
à la loterie, bien que le lot gagné dépassât 150 fr., parce que les mises des associés n'excédaient pas cette valeur. (1)

No 3. — *Réunion des demandes inférieures à 150 fr., ordonnée
par l'art. 1340.*

Au cas de plusieurs demandes, qui bien qu'inférieures isolément au chiffre de 150 fr. , dépassent ce taux
par leur réunion, l'exclusion des témoins eût été illu-
soire, si le créancier avait pu intenter chaque action

(1) 24 mars 1807. Voir le président Troplong : *du Contrat de
Société.*

successivement et, à part ; exiger l'addition des diverses demandes n'était pas assez, il fallait ordonner de les
réunir dans le même exploit ; c'est cette disposition de
l'ordonnance de 1667 que l'art. 1346 de notre Code
a pour but de reproduire. Mais, afin de diminuer autant
que possible le nombre des petits procès, cette obligation de réunir dans un même exploit les demandes qu'on
peut avoir à former contre la même personne, s'applique
même aux demandes dont l'ensemble est inférieur à
150 fr. ; cet ensemble, fût-il supérieur à 150 fr., même
à celles pour la preuve desquelles le témoignage est
toujours autorisé , puisque l'art. 1346, en même temps
qu'il ordonne la réunion de toutes les demandes qui ne
sont pas *entièrement* prouvées par écrit, ne permet de
recevoir, après cette réunion , que les demandes dont
il existe preuve écrite et non un commencement de
preuve écrite. Il en est de même pour les droits qui ,
provenant de personnes différentes , se sont réunis sur
une seule tête.

I. *Etendue de la règle de l'art.* 1346. — Dans ces trois
idées, est-il question de la preuve testimoniale? Nullement. Sous ce triple rapport, l'art. 1346 n'a pour but
que de diminuer le nombre exagéré des procès et d'obtenir une plus prompte expédition des affaires, en com-
binant toutes les procédures en une seule. Si la loi n'avait
voulu que protéger le principe émis dans l'art. 1341 et
garanti par l'art. 1345, elle n'aurait exigé la réunion
que pour les demandes qui ne peuvent se prouver par
témoins ; elle aurait laissé hors de sa règle : 1o les
droits qui reposent sur un commencement de preuve
écrite, ou pour lesquels il n'a pas été possible d'obtenir
ou de conserver un titre ; 2o tous ceux dont la réunion

ne dépasse pas 150 fr.; 3o ceux qui dépassant 150 fr.
par l'effet de leur réunion et ne rentrant pas d'ailleurs
dans les cas prévus par les art. 1347 et 1348, peuvent
se prouver par témoin, comme provenant de personnes
différentes. L'art. 1346 n'est donc pas spécial à la théorie de la preuve testimoniale.

II. *Exceptions à la règle de l'article 1346.* Il est assez
clair cependant que la règle s'applique seulement aux
droits nés avant l'introduction de l'action ; l'article 1346
n'a pu vouloir parler que des créances actuelles ; lui
prêter un autre sens serait trop étrange. Les créances non
prouvées par écrit, qu'il déclare ne pouvoir être reçues
plus tard, sont uniquement celles qui, bien qu'existant
déjà, sont demeurées en dehors du premier exploit. La
non-recevabilité de la demande nouvelle, qui n'est pas
prouvée par écrit, n'étant que la peine de la contravention commise en ne réunissant pas cette demande
aux précédentes, ne saurait évidemment concerner des
droits nés postérieurement à l'action et à l'exploit.

Ce que nous disons des droits qui n'étaient pas nés
lors de la première action, s'étend-il à ceux qui trans-
missibles, à ce moment, n'étaient pas encore exigibles ?
Quelle que soit la controverse sur ce point, il nous
semble que l'ordre contenu dans les articles 1341 et
1345 et la sanction que lui donne l'article 1346 sont
assez sévères pour qu'on n'ait pas le droit d'aller au-
delà (1). La règle de l'article 1346 est exceptionnelle,
c'est une peine ; tout ce qu'elle ne défend pas demeure

(1) V. Toullier IX, 50. Favard, 1o preuve, § 1., no 14.
Duranton XIII, 527. Dalloz, sect. 2, art 2, no 14, Zachariæ,
§ 758, note 14. Bonnier 103. Marcadé 1346.

donc soumis au droit commun et reste permis : ce serait
violer les principes essentiels de la loi sous prétexte de
suivre l'esprit de ces trois articles, que d'exiger plus qu'ils
n'exigent ou autre chose que ce qu'ils exigent. L'article 1345 veut que l'on additionne toutes les demandes
formées dans la même instance, et l'article 1346 ordonne
de réunir dans la même instance et de formuler dans
le même exploit toutes les demandes non justifiées par
écrit. Or, peut-on réclamer des créances non exigibles ?
Non sans doute ; pourquoi et comment les réunir aux
autres créances ? Il est plus raisonnable de convenir
qu'elles échappent à notre règle.

Sans doute je pourrais, sinon poursuivre au moins
indiquer dans l'exploit ces créances non exigibles; suis-je
tenu de le faire ? Non; la loi était assez rigoureuse pour
que je n'aie pas dû chercher à faire plus qu'elle n'exigeait de moi. L'article 1346 m'ordonnait de réunir en
une seule toutes les demandes non prouvées par écrit
que je pouvais avoir à formuler contre mon adversaire;
j'ai obéi ; l'article 1345 me commandait d'additionner
ensemble toutes ces demandes, je m'y suis conformé :
vouloir quelque chose de plus, ce ne serait ni expliquer,
ni appliquer la loi, mais la faire. Certainement l'article 1346 aurait pu ordonner qu'en réclamant le montant
des créances exigibles, le demandeur indiquerait celui
des autres demandes ; l'article 1345 aurait pu exiger
l'addition de toutes les créances demandées ou indiquées,
ils ne l'ont pas fait, et, dans leur silence, personne n'a
le droit de le faire.

III. Mais si nous n'avons pas le droit d'étendre la
portée des articles dont nous parlons, encore moins
devons-nous la restreindre ; dire avec Touiller et Duran-

ion (1) que les demandes non justifiées par écrit, qui
n'auront pas été comprises dans le premier exploit, ne
pourront à la vérité être prouvées par témoins; mais
seront recevables, sauf au demandeur à fournir sa preuve
par des moyens autres que le témoignage, c'est se mettre, sans raison plausible, en contradiction flagrante
avec le texte et l'esprit de notre article 1346; avec son
texte, car il déclare que les demandes postérieures *ne
seront pas reçues;* avec son esprit, car il tend énergiquement à restreindre les procès : or, que sont en cette
matière l'aveu, le serment, le témoignage, sinon des
sources de procès nouveaux, là où la loi, comme nous
l'avons démontré, exige que l'instance soit unique?

§ 2.

Exclusion de la preuve testimoniale outre et contre le contenu aux actes.

Nº 1. — *Etendue de cette exclusion.*

Quel que soit l'intérêt en jeu, et alors même que pour
le constater un écrit n'était pas nécessaire, si en fait,
un écrit a été dressé, les parties contractantes, dont
il est l'ouvrage, ne seront jamais admises à prouver par
témoins ni contre, ni au-delà; du moment que leur
pensée a revêtu une expression non équivoque, c'est à
cette expression qu'il faut s'en tenir; toute modification
ultérieure ne deviendra vraisemblable que si elle est
soumise à une forme aussi précise que celle du titre

(1) Toullier IX, 49. Duranton XIII, 328.

qu'elle modifie ou si ce titre lui-même est supprimé ; procéder autrement c'est se lancer dans l'arbitraire.

On ne saurait non plus être admis à prouver par témoins les explications verbales qui ont accompagné ou suivi la rédaction d'un écrit; il serait, en vérité, trop facile d'arriver ainsi à en dénaturer la portée, puisque c'est l'écrit primitif qui fait loi; il doit être accepté tel qu'il est, et par cela seul que cet écrit ne reproduit pas les prétendues modifications dont il n'a été question que verbalement, n'est-il pas à peu près certain que les contractants n'ont pas jugé à propos de les consacrer ? Dès lors, ne serait-il pas dangereux de les admettre après coup? Sans doute, un écrit peut contenir des énonciations mensongères, il faut laisser toute latitude pour les combattre aux tiers, dans tous les cas ; aux parties, si la rédaction de cet écrit est l'œuvre du dol ou de la violence; à la régie, si cet acte fraude ses droits ; ce que la loi ne veut pas, c'est qu'il soit permis de modifier ou de contredire un écrit, au moyen de ce qu'on prétendrait avoir été dit ou fait antérieurement ou postérieurement à sa rédaction.

N° 2. — *Exceptions au 2ᵉ principe de l'art. 1341.*

Ce que nous disons des faits et des conventions qui ne sont qu'une modification du fait primitif, ne doit pas s'étendre, sans distinction, à tous les faits quel que soit leur rapport avec le premier. Ce n'est pas modifier un écrit que de discuter la portée d'une clause obscure ou ambiguë. En pareil cas, les témoins pourront fournir d'utiles renseignements sur les circonstances qui ont accompagné la rédaction; seulement, il faudra s'en tenir définitivement et uniquement pour l'acte interprété à la signification reconnue(1). Quand un écrit atteste que vous m'avez prêté 100 francs, je pourrai prouver par témoins que je vous les ai rendus, car ce n'est là ni contredire cet écrit, ni ajouter à la convention qu'il constate. Mais si je voulais prouver par témoins que je vous ai rendu, après six mois, une somme qui, aux termes de notre convention écrite, n'était payable que dans un an; cette preuve me serait refusée, toutefois, en dehors de ce cas et d'un assez petit nombre de cas analogues, je pourrai prouver par témoins l'extinction d'une obligation constatée par écrit, car ce n'est prouver ni outre, ni contre et au-dessous de 150 fr., le témoignage sera toujours admissible (2).

A la vérité, la pratique du siècle dernier ne voulait pas que le paiement d'une créance constatée par écrit pût s'établir autrement que par un écrit, alors même que, pour la preuve de l'obligation, l'écriture n'eût pas été nécessaire; mais Pothier s'élevait contre cet usage défectueux; était-ce donc prouver contre le contenu d'un acte que d'établir un fait postérieur, en vertu duquel le débiteur est affranchi de l'obligation dont cet acte avait constaté la naissance? Peut-être serait-il utile de revenir à cette pratique; mais un texte de loi aurait seul le pouvoir de la faire revivre; en son absence, rien ne saurait nous autoriser à étendre aussi loin la portée du principe qui nous occupe.

(1) Paris, 7 déc. 1833. — C. de Cass., 23 et 31 janv. 1837.
(2) V. Pothier, 799, Duranton XIII, 334, Bonnier, Delvincourt, Marcadé, art. 1341.

Toutes les fois qu'un fait vient restreindre , élargir ou modifier après coup la situation antérieure des parties , en laissant subsister un état de choses peu différent, le témoignage est inadmissible , hors de là il reste permis. Si donc le fait allégué vient changer l'état de choses antérieur, dans un point de détail , tout en le maintenant d'ailleurs, l'écriture seule peut faire foi de ce changement ; est-il croyable qu'on ait modifié les choses sans modifier l'acte qui les constatait? Mais si, au lieu de se borner à modifier la situation première, le fait allégué l'anéantit, en sorte que l'objet constaté par l'écrit primitif ait disparu, ce fait qui suppose l'ancien état de choses , mais qui le détruit, peut être établi autrement que par l'écriture ; car ce fait étant un événement nouveau pour la constatation duquel il faudrait non plus une autre édition de l'acte primitif, mais un nouvel acte , les parties se retrouvent dans le droit commun.

N° 3. — Conséquences.

Ainsi : 1° la preuve testimoniale est inadmissible pour établir la simple modification d'une situation constatée par acte, quand pour avoir la preuve écrite de cette modification il eût suffi d'une seconde rédaction du même acte. — 2° La preuve testimoniale est admissible pour constater la suppression de la situation , que le nouveau fait suppose , quand, pour avoir la preuve écrite de cette suppression , la rédaction d'un acte nouveau eût été nécessaire. — 3° Pour établir à la fois la modification d'une situation constatée par acte et la suppression de cette situation ainsi modifiée, la preuve testimoniale est inadmissible, car c'est seulement dans le cas où le premier point serait constaté par écrit, que le second pourrait l'être par témoins.

N° 4. — Quid *en matière commerciale ou criminelle ?*

I. La défense de prouver outre et contre le contenu aux actes s'applique-t-elle en matière commerciale? Nous n'hésitons pas à répondre non. Sans doute il importe, en matière commerciale surtout, d'éviter l'équivoque et l'arbitraire; sans doute le texte primitif de l'art. 109 du Code de Commerce n'admettant la preuve testimoniale que s'il y avait commencement de preuve par écrit, fut supprimé seulement à cause de la difficulté de dresser un écrit. Mais l'art. 1341 du Code Napoléon n'exclut la preuve testimoniale, que sans préjudice de ce qui est prescrit dans les lois relatives au commerce. Or, quelles sont ces lois? C'est l'ordonnance de 1667. Quel est leur esprit? Le titre XX de cette ordonnance confirme les usages préexistants suivant lesquels les juges consuls n'étaient point astreints, dans leurs jugements, à l'ordonnance de Moulins. En conséquence, le 22 juillet 1613 et le 22 juillet 1689, le Parlement de Paris avait admis devant les juridictions consulaires la preuve par témoins outre et contre le contenu aux actes. Merlin appuie énergiquement ces décisions : «On a préféré, dit-il dans ses questions de droit (dernier ressort, § 18, n° 1), le danger de quelques fraudes particulières à celui d'entraver les négociations, et de tromper la bonne foi en exigeant trop de précautions. On sait que les négociants donnent le plus souvent des quittances portant valeur reçue, sans autre assurance que des paroles ou des ordres , et que cette manière de négocier est l'âme du commerce de toutes les nations. Il était donc indispensable d'admettre la preuve que l'argent énoncé dans les livres n'avait pas été compté, ou que les marchandises n'avaient pas été délivrées, quoique payées.» L'article 1925 du Code hollandais (autorité grave en matière commerciale), est conçu dans le même sens. La large faculté que l'article 109 du Code de Commerce accorde aux juges, replace la question sur le terrain où l'ancienne jurisprudence l'avait maintenue, et le Code de Commerce eût-il déclaré, dans son article 41, qu'aucune preuve ne peut être admise contre et outre le contenu aux actes de société, si tel eût été le droit commun en matière commerciale.

II. En matière criminelle, au contraire, on ne pourra prouver ni outre, ni contre le contenu aux actes qui sont l'œuvre des parties ; et si , par exemple, il s'agit de la violation d'un dépôt que le dépositaire a reconnu par écrit, il serait absurde de rechercher en-dehors de cette reconnaissance la preuve des obligations qu'il a violées. Nous reviendrons sur cette question.

CHAPITRE II.

EXCEPTIONS A LA PROHIBITION DE LA PREUVE TESTIMONIALE.

Ces deux principes : 1o que la preuve testimoniale n'est jamais admise pour un intérêt supérieur à 150 fr.; 2o que, même au-dessous de ce chiffre, elle n'est admise ni outre ni contre le contenu aux actes, souffrent exception : 1o quand il existe un commencement de preuve par écrit (art. 1347); 2° quand il a été impossible au réclamant de se procurer ou de conserver un titre écrit (art. 1348); 3° en matière commerciale (art. 1341).

§ Ier

Commencement de preuve par écrit.

I. La loi, dans les deux cas que nous venons d'étudier, ne reconnaît pas au témoignage la force d'une preuve entière, mais l'admet à compléter la preuve qu'un écrit a commencée. Les témoins doivent donc être entendus, pour toute allégation, qui s'appuie déjà sur un commencement de preuve par écrit. Pour qu'il y ait légalement commencement de preuve par écrit, l'article 1347 exige que l'écrit invoqué rende vraisemblable le fait allégué et émane de celui à qui on l'oppose, et tel est l'esprit de notre législation; l'aveu doit émaner de l'adversaire, complet, il fait pleine foi; incomplet, il rend la prétention vraisemblable. A la fin du XVIe siècle, on n'exigeait pas dans le commencement de preuve écrite ce caractère d'aveu; car l'ordonnance de Moulins paraissait exorbitante, l'on accueillait avec faveur tout moyen d'en éluder les dispositions, et l'ordonnance de 1667 s'était bornée à mentionner le commencement de preuve écrite, sans le définir. Danty et Pothier enseignaient sans doute que l'écrit devait émaner d'une partie intéressée dans le procès; c'étaient là certainement deux opinions respectables, mais isolées, et rien n'obligeait les tribunaux à les accepter. L'ancien droit, puisqu'il ne définissait pas le commencement de preuve par écrit, ne jette aucun jour sur la question; et supposé, comme le prétend Toullier (1), que les art. 1329, 1367, 1335, 1336 dispensent de considérer de quelle personne le commencement d'écrit émane, ces dispositions ne seraient que des exceptions, et notre règle subsisterait quand même, toujours précise, formelle, inévitable.

Nº 1. — *De qui doit émaner le commencement de preuve par écrit.*

1. Pour la preuve des conventions ou autres faits antérieurs au Code Civil, les juges n'ont pas à considérer de qui émane l'écrit. Pour les cas régis par le Code, ils ne peuvent admettre un écrit qui n'émane pas de l'adversaire, de son auteur ou de son représentant (2); car peu importe que la personne à laquelle l'acte est opposé soit physiquement celle dont il est émané, une identité morale et juridique suffit. Mais, bien entendu, si mon adversaire dénie, comme venant de lui, ou méconnaît, comme venant de son auteur, l'écrit ou la signature que je lui oppose, cet écrit ne vaudra, comme commencement de preuve, qu'après vérification judiciaire.

Il Il faut, avons-nous dit, que le commencement de preuve par écrit émane de la partie à laquelle on l'oppose; par conséquent le créancier d'une rente, auquel l'héritier du débiteur oppose la prescription, ne peut, pour arriver à prouver par témoins, l'interruption de cette prescription, invoquer, comme commencement de

(1) IX, 70, 90.
(2) *V.* Merlin, Comm. de Preuv., Duranton, XIII; Bonnier, 107 et 108; Marcadé, art. 1347; Zachariæ, 733.

preuve, les quittances d'arrérages qu'il a données à ce débiteur et dont un inventaire dressé au domicile de ce débiteur après son décès, constate la présence parmi les papiers de celui-ci. Ces quittances, en effet, n'émanent pas du débiteur, mais du créancier. Sans doute, le fait de leur présence parmi les papiers du débiteur rend vraisemblables contre lui les paiements qu'elles énoncent et dont le créancier se prévaut; mais ce ne sont pas des actes émanés de la partie à laquelle on les oppose. Quand une quittance est invoquée par le débiteur, dont elle est le titre, sans doute elle prouve contre le créancier le paiement qu'elle a pour objet de constater et rend vraisemblable le fait des paiements antérieurs ; mais, invoquée contre le débiteur par le créancier qui l'a signée, quelle est sa valeur ? N'est-il pas possible qu'un créancier, dont la rente est proscrite, ait adroitement glissé parmi les papiers de son débiteur une quittance ou une collection de quittances attestant des paiements imaginaires ? A l'aide des quittances qu'il a données, le créancier pourra donc tout au plus rendre vraisemblable le fait des paiements dont il se prévaut, jamais il ne le rendra certain, et les quittances produites par lui n'émanant point du débiteur à qui on les oppose, ne seront pas même pour le créancier un commencement de preuve par écrit.

III. Est-il nécessaire, pour que le commencement de preuve écrite ait le caractère d'aveu exigé par l'art. 1347 qu'il soit signé de la partie à laquelle on l'oppose ? Nous ne le pensons pas. Il peut résulter indifféremment ou d'une écriture signée de cette personne, où de quelques lignes tracées par elle, mais non signées, où d'actes qui ne sont ni écrits ni signés par elle.

Pour les énonciations consignées , même sans signature, par le défendeur , soit sur ses registres, soit dans
une lettre missive , soit ailleurs, elles pourront servir
de commencement de preuve écrite pour tous les faits
qu'elles rendent vraisemblables. Ne retrouvons-nous
pas dans ces énonciations les caractères exigés par la
loi : un écrit, un écrit émanant de celui à qui on l'oppose et rendant vraisemblable le fait allégué ?

Quant à l'acte , qui n'est ni écrit, ni signé par le
défendeur, il ne sera pas moins susceptible de consti-
tuer contre lui un commencement de preuve écrite, s'il
est authentique, et s'il est valable indépendamment de
la signature , comme seraient un acte notarié mention-
nant mon intervention et la cause de l'absence de ma
signature, ou un procès-verbal d'interrogatoire sur faits
et articles , ou de comparution au bureau de concilia-
tion , etc..... Mais si un tel acte était nul pour vice de
forme, pour incompétence ou incapacité de l'officier ré-
dacteur ; on se trouverait en face d'énonciations dépour-
vues de l'authenticité légale ; cet acte ne saurait être
considéré comme émanant de la partie ; à ce titre, il ne
pourrait lui être opposé.

No 2. — *Vraisemblance que le commencement de preuve par
écrit doit donner à la demande.*

Ce n'est rien, que l'écrit d'un l'adversaire, s'il ne porte
que sur des faits indifférents à la cause ; pour que cet
écrit autorise l'emploi de la preuve testimoniale, il doit
rendre vraisemblable le fait que cet adversaire conteste
et qu'il s'agit d'établir.

Ainsi, le titre constitutif d'une rente, quoiqu'il prouve incontestablement l'existence antérieure de cette rente, ne peut servir de commencement de preuve pour démontrer que la prescription invoquée par le débiteur a été valnement interrompue, car un pareil titre ne rend ni certaine, ni vraisemblable une telle interruption (1).

Nous ne trouvons pas non plus la vraisemblance d'une convention alléguée, ni par conséquent les éléments d'un commencement de preuve, dans l'acte qui, énonçant une prétendue convention comme intervenue entre plusieurs personnes, auraît été signé par les unes et repoussé par les autres. Un acte semblable ne prouve rien et il n'autoriserait ni les signataires qui voulaient contracter, ni le tiers avec lequel ils voulaient contracter, à prouver, par témoins, qu'une convention s'est accomplie ou qu'elle ne peut s'exécuter. L'acte, avec les signatures dont il est revêtu, prouve qu'il y a eu un projet de convention et que ce projet rejeté par les uns, a été accepté par les autres; mais ce qu'il ne rend nullement vraisemblable, c'est qu'à ce projet avorté, l'on ait substitué un véritable contrat intervenu entre toutes les personnes qui figuraient au projet primitif ou même entre les signataires de ce projet. La cour de cassation raisonnait ainsi quand, dans un arrêt du 26 juillet 1832, elle motivait un rejet en ces termes : « Attendu que le refus de deux des cinq acquéreurs ayant rompu le contrat, tel qu'il avait été entendu, un nouvel accord entre les parties devenait nécessaire, et la preuve de ce nouvel accord ne pouvait être faite par témoins, la

_____

(1) Toullier IX, 97. Troplong, proscr. II, 622. Marcadé, art. 1347, Riom, 4 mai 1841, Douai, 19 janv. 1842.

vente signée par quelques-uns des cinq acquéreurs n'é-
tant pas une preuve de vente à cinq et ne pouvant
servir ni de preuve, ni de commencement de preuve
d'une autre vente faite à deux ou à trois..... Rejette. »

Au contraire, l'allégation qui s'appuie sur un écrit
devient vraisemblable et forme dès-lors le commencement de preuve qui autorise l'admission du témoignage,
si cet écrit est un billet (ou autre promesse unilatérale)
signé de la personne à laquelle on l'oppose et manquant
seulement pour faire preuve entière du *bon* ou *approuvé*
qu'exige l'art. 1326; comme le billet qui n'est que signé
peut assez facilement être frauduleux, la loi lui refuse
l'efficacité d'une preuve complète ; mais la fraude, la
supposât-on encore plus facile et plus fréquente, ne sera
même ici que l'exception, et comme le plus souvent,
un tel billet sera sincère; en général, il rendra sinon certaine, au moins probable la dette qu'il énonce, et dès-
lors il permettra de la justifier. Cette doctrine s'appuie
sur un nombre imposant de décisions judiciaires (1).

Cette vraisemblance et dès-lors le commencement de
preuve par écrit existant encore dans l'acte privé, qui,
énonçant une convention synallagmatique, a été signé
par toutes les parties contractantes, sans être fait double, ainsi que l'exige l'art. 1325 ; nous le pensons avec
MM. Troplong et Marcadé, et malgré l'autorité de MM.
Favard de Langlade, Duranton, Chardon, Zachariæ et
d'un certain nombre d'arrêts, y a-t-il, dans ces cas
particuliers, commencement de preuve par écrit ? En

(1) Lyon 18 déc. 1828. C. Cass. 1er juillet 1828, 4 fév. 1829,
4 mai 1831, 31 mars 1832, 18 nov. 1834, 6 fév. 1839, 26 fév.
1845. Bordeaux, 31 mars 1830. Metz, 28 mars 1833.

d'autres termes, trouvons-nous un écrit ? Sans aucun doute , cet écrit émane de celui à qui on l'oppose ? Oui , car il est signé de lui. Rend - il vraisemblable le fait qu'il relate ? Oui encore , puisqu'il l'explique et le constate. Il ne faut pas croire d'ailleurs qu'un acte signé des parties, ne soit, lorsqu'il n'est pas fait double, que la rédaction d'un simple projet , et l'article 1325 n'a point voulu nous le faire entendre ainsi. Un acte énonçant minutieusement le contrat arrêté entre diverses personnes , constatant la réalisation de ce contrat, signé des parties intéressées, est chose fort grave ; il peut n'être, à la vérité, que la minute d'un projet ; aussi , l'article 1325 défend-il de voir dans ces signatures la preuve d'un contrat formé, mais presque toujours il n'aura été rédigé que pour constater la formation d'un contrat, et c'est pour cela qu'il rendra le fait de ce contrat extrêmement vraisemblable ; il n'est pas ordinaire, en effet, de signer de part et d'autre , comme convention arrêtée, un simple projet pour ne se lier que plus tard , en rédigeant un original.

L'exception, cela est clair, n'atteint pas l'article 1346, puisque cet article embrasse toutes les demandes qui ne sont pas entièrement justifiées par écrit, et par conséquent, la règle de l'article 1346 s'applique , malgré le texte de l'article 1347 , au cas d'un commencement de preuve par écrit, comme elle s'appliquera , malgré le texte de l'article 1348, au cas où il est impossible de produire une preuve écrite. En effet, l'existence d'un commencement écrit de preuve et l'impossibilité d'avoir un écrit ne devaient faire cesser que la prohibition du témoignage ; or, comme la règle énoncée dans l'article 1346 a en vue, outre la prohibition du témoignage , la diminution du nombre de procès, alors même que le témoignage serait permis, l'exception des articles 1347 et 1348 devait respecter cette règle. Si ces deux articles sont trop absolus, cela s'explique : l'article 1346 n'existait pas lorsqu'ils furent rédigés, on ne l'inséra au projet de loi qu'après coup, et sans songer à modifier les deux textes dont il élargissait ainsi la portée.

§ 2.

Impossibilité de se procurer un titre écrit ou de le conserver.

Les principes de l'article 1341 souffrent une nouvelle exception toutes les fois que le défaut d'écrit, sans être imputable à la personne qui, dans tout autre cas, devrait présenter un acte, résulte de la seule force des choses ; on rentre alors dans le droit commun et tous les moyens de preuve sont autorisés. Nous aurons à distinguer deux cas : 1° celui où il a été impossible de se procurer un titre ; 2° celui où il a été impossible de le conserver.

Nº 1. — *Impossibilité de se procurer un titre écrit.*

Cette impossibilité est rare en pratique; il suffit qu'elle soit locale et momentanée. La preuve testimoniale est admise seulement dans les cas où il y a eu, pour celui qui l'invoque, impossibilité physique ou morale d'obtenir un titre écrit; mais elle l'est pour tous ces cas; telle est la règle dont l'article 1348 donne plusieurs exemples. Il faut une impossibilité, mais une impossibilité

morale suffit; le 2o de notre article ne permet pas d'en
douter, et sur ce point, la jurisprudence est unanime (1).

1er *Cas.* Ce n'est pas à tous les quasi-contrats en tant
que quasi-contrats et d'une manière absolue, que s'applique le 1° de l'article; c'est seulement à la plupart
des quasi-contrats et en tant qu'il y a eu, pour le réclamant, impossibilité de se procurer une preuve écrite.
Ainsi la preuve par témoins n'est pas permise à celui
qui prétend m'avoir payé 300 fr. qu'il ne me devait
pas (art. 1376), puisqu'il pouvait, en me payant, réclamer une quittance; il ne s'est pas trouvé dans l'impossibilité de retirer la preuve écrite du paiement qu'il
allègue.

En matière de délits et de quasi-délits, l'exception
ne s'applique aussi qu'à l'impossibilité d'obtenir un écrit;
et si l'allégation d'un délit implique celle d'un contrat
ou autre fait licite que ce délit présuppose et qui pourrait se prouver par écrit ou au moyen d'un commencement de preuve par écrit, on ne pourrait prouver par
témoins le délit lui-même. Ainsi, quand je vous accuse
de la violation d'un dépôt non nécessaire ou d'un mandat, ma demande implique deux idées et a deux objets:
la formation d'un contrat entre vous et moi, puis la
violation de ce contrat par vous. Or, si le second objet
pouvait se prouver par témoins, il en est autrement du
premier, pour lequel un écrit est indispensable. — De
même si je prétends que l'acte, qui m'est opposé n'est
que le résultat de l'abus par vous commis d'un blanc-

(1) Paris, 0 avril 1821; Bourges, 24 nov. 1824; Pau, 1er avril
1840; C. de Cass., 19 mai 1841.

seing que je vous avais confié, j'allègue deux faits que
la loi ne me permet pas de prouver de la même manière ; je soutiens d'une part que je vous ai confié un
blanc-seing, et d'autre part que la prétendue quittance
a été illicitement fabriquée par vous, au moyen de ce
blanc-sein. Or, si la preuve orale m'est ouverte pour
le second fait, elle ne l'est pas pour le premier, car la
remise d'un blanc-seing est un fait très-licite dont j'ai pu
et dû demander un reçu ; encore une fois je n'étais pas
dans l'impossibilité de me procurer une preuve écrite.

2º *Cas.* On nomme, à proprement parler, dépôts nécessaires ceux auxquels le déposant se trouve contraint
par une nécessité physique résultant d'un incendie, d'une
inondation, d'un naufrage ou d'autres accidens analogues (art. 1348 et 1949). Car il n'est pas possible de
faire inventaire des effets mobiliers qui sont remis à la
hâte chez des voisins, dans des circonstances où le danger des personnes empêche de penser au salut des choses. Sous l'empire de l'ordonnance de Moulins, qui ne
prévoyait pas ce cas, le Parlement de Paris, par arrêt
du mois d'août 1573, avait admis les héritiers d'un
protestant à prouver par témoins un dépôt de cette nature fait par leur auteur au moment où il allait périr dans
la massacre de la Saint-Barthélemy. L'article 1348 met
sur la même ligne les dépôts faits par les voyageurs dans
les hôtels où ils descendent, parce qu'il existe dans ce
cas une nécessité morale qui doit entraîner les mêmes
conséquences. En effet, pour de tels dépôts, et en
raison, tantôt du danger qui ne permet pas de perdre
son temps à dresser un acte, tantôt de la gêne extrême
que l'obligation de cette rédaction imposerait aux voyageurs et aux hôteliers, à cause de la rapidité des tran-

sactions, du grand nombre des voyageurs, de leur court
séjour, il y a impossibilité physique dans un cas, morale dans l'autre, d'avoir une preuve écrite ; et le témoignage qu'autorisaient en pareille situation, l'ancienne
jurisprudence des parlements, puis l'ordonnance de 1667,
est formellement permis par les articles 1348 et 1951.
Quant aux dépôts volontaires, l'ordonnance de 1667 et
l'article 1341 les placent expressément sous le coup de
la règle, à laquelle les autres échappent.

Au reste, comme notre exception, quelque sage qu'elle
soit, pourrait prêter à des abus, la loi investit le juge
d'un pouvoir discrétionnaire, en vertu duquel il peut
admettre ou rejeter l'enquête, selon que la nature, la
quantité, la valeur des objets réclamés, la position, le
caractère des personnes et toutes les autres circonstances de l'affaire, donnent ou enlèvent de la vraisemblance
à la prétention du demandeur.

3e *Cas*. L'art. 1348 s'applique encore aux obligations
contractées par suite d'autres accidents imprévus et dans
lesquels la rédaction d'un écrit s'est également trouvée
impossible. Dans ces cas, si la dette était contestée plus
tard par l'emprunteur ou ses héritiers, le prêteur pourrait recourir à la preuve testimoniale ; le juge aurait
encore ici un pouvoir discrétionnaire.

Les exemples du premier, du second et du troisième
alinéa ne peuvent non plus restreindre la règle de raison
proclamée par le premier. Le témoignage n'est admissible que quand le réclamant n'a pu se procurer une
preuve écrite. Mais il l'est toutes les fois que le réclamant ne l'a pas pu. Ainsi, je puis prouver par témoins la
violence, l'erreur, le dol qui m'ont déterminé à former
telle convention, à exécuter tel acte ou tel fait, car je

n'ai pu me faire donner la preuve écrite de ce dol , de cette violence, de cette erreur. Il en est de même du tiers qui demande à prouver qu'un acte préjudiciable n'est que simulé ou qu'il est entaché de fraude. Tous ces cas rentrent dans la règle qui permet la preuve testimo- niale à quiconque n'a pas été dans la possibilité de se procurer un titre écrit. Encore sur ce point, la jurispru- dence est constante.

Mais de ce que je puis recourir au témoignage pour prouver le dol , l'erreur, la violence qui , selon moi , ont donné lieu au contrat, il ne résulte pas que je pour- rai par le même moyen prouver ce contrat dont mon adversaire nie l'existence ; je n'aurais ce droit que dans un seul cas : si la violence, l'erreur , le dol dont je me plains ont eu pour but de m'empêcher de retirer l'écrit exigé. Alors seulement je me suis trouvé dans l'impossi- bilité d'obtenir une preuve écrite, et en prouvant par témoins la cause de cette impossibilité , je pourrai aussi prouver le contrat lui-même.

La preuve testimoniale de la simulation d'un acte peut encore être faite par le tiers auquel cet acte est nuisible, parce qu'il y a eu pour lui impossibilité d'en avoir une preuve écrite ; elle ne pourrait l'être par celui qui, ayant été partie dans l'acte , se trouve ainsi l'un des auteurs de la simulation ; car il lui eût été facile d'en obtenir la preuve écrite. Nous signerons un acte, par lequel je prétends vous vendre ma maison ; si cette vente n'est que fictive , mes créanciers pourront en prouver par témoins la simulation ; moi je ne le pourrai pas ; et en effet, mes créanciers n'ont pu obtenir de preuve écrite, mais rien ne m'a empêché de vous faire signer une contre-lettre pour démentir l'acte apparent.

Mais la preuve de la prétendue simulation peut-elle
se faire par témoins, alors même que cette simulation
déguise un acte prohibé comme contraire à l'ordre public?
Sur ce point délicat et controversé, nous pensons avec
la jurisprudence que la fraude peut être prouvée orale-
ment par toute personne intéressée, eût-elle été partie
dans l'acte. En effet, l'art. 1353 admet la preuve par
présomption dans tous les cas de fraude (et la fraude
faite à la loi est la plus grave de toutes). Or, si la fraude
peut s'établir en vertu d'une simple présomption de fait,
dont il ne résulte qu'une probabilité, à plus forte raison
le peut-elle, en vertu d'une preuve positive comme le
témoignage ; d'ailleurs la fraude ne constitue-t-elle pas
précisément un des cas où il n'a pas été possible de retirer une preuve écrite ? et si des doutes s'élevaient
encore, il suffirait, pour les dissiper, de jeter les yeux
sur les travaux préparatoires du Code : «On doit observer, disait l'orateur du gouvernement, que cette exclusion de la preuve testimoniale ne s'étend ni aux cas de
fraude, ni..... » Et l'orateur du tribunal ajoutait : « La
» fraude et le dol ne se présument pas ; mais celui qui
» les allègue doit être admis à les prouver par témoins ;
» car si la fraude ne se présume pas, ceux qui la com-
» mettent ne manquent pas d'employer tous les moyens
» pour les cacher. La morale publique exige donc que
» la preuve testimoniale soit admise en cette matière. »
Elle le sera par conséquent, malgré la rédaction vicieuse
de l'article 1353, dans tous les cas où serait admise la
simple présomption. D'un autre côté, dans le cas qui
nous occupe, la personne à laquelle préjudicie la simulation qui fraude la loi, a trempé dans cette simulation; mais, sans dire que presque toujours son consen-

tement sera le résultat d'une contrainte morale, on comprend que difficilement elle aura pu obtenir la preuve écrite de la simulation dont elle se plaint; je souscrirais, malgré moi, une obligation mensongère en votre faveur, et je pourrais réclamer de vous un écrit destiné à la faire annuler ! C'est contradictoire. Il y a donc encore ici impossibilité morale d'obtenir une preuve écrite.

N° 2. — *Impossibilité de conserver le titre écrit.*

Si l'impossibilité morale de se procurer un écrit dès le principe, sufît pour rendre l'enquête possible, à plus forte raison, devait-il en être de même, quand l'écrit, dressé d'abord selon le vœu de la loi, se trouve perdu par suite d'un accident; il y a dans ce cas une impossibilité morale *ex post facto* de le présenter, et Justinien, dans la loi 28, au Code *de testibus*, faisait exception, pour ce cas, aux règles qui régissaient la preuve de la libération.

Dans l'hypothèse qui nous occupe, le réclamant devra prouver par témoins : qu'il possédait un titre justifiant le droit qu'il réclame; qu'il a été victime de tel événement de force majeure; que, par suite de cet événement, son titre lui a été enlevé. La perte du titre est le point fondamental de l'enquête.

On ne pourra pas être fort difficile pour la preuve du troisième point, car il est presque toujours impossible de prouver d'une manière précise qu'un acte, qui a été vu en ma possession avant l'événement dont je me plains, a vraiment péri dans cet événement; qui a pu dresser l'inventaire de mes titres, au moment où l'incendie les dévorait ? qui prouve que peu d'instants avant, je n'en avais pas séparé l'acte en question ? Des vraisemblances, des probabilités seront la plupart du temps le seul indice.

Ne devra-t-on pas être plus exigeant pour le second point ? Oui, un événement de force majeure laisse en général des traces extérieures susceptibles d'être prouvées par témoins. Si l'on peut ici se passer de la preuve certaine, précise, rigoureuse, d'un événement que je n'ai pas pu conjurer, quoi de plus facile que de faire déclarer par témoins que tel écrit a existé et qu'ensuite il a disparu ! c'est-à-dire de renverser sans motif sérieux l'art. 1341 et de rendre illusoires toutes les précautions de la loi !

Quant au premier point, l'existence même du titre, il ne faut pas être moins rigoureux, la loi ne permet le témoignage que si le titre perdu formait preuve littérale ; établir que le titre perdu formait cette preuve est pour le réclamant le seul moyen de se placer dans l'exception. Des témoins ayant personnellement vu, lu, retenu le titre, seront nécessaires si le titre est soumis à des formalités dont la constatation exige nécessairement l'examen de l'écrit et la relation de sa teneur. «Avec quel scrupule, s'écrie un auteur, les juges ne devront-ils pas s'assurer de la délicatesse, de la gravité des témoins, pour reconstruire sur la foi de souvenirs fugitifs, des actes que la sollicitude du législateur avait environnés de tant de formalités !» Mais faut-il aller jusqu'à dire que toujours et alors même que l'acte n'est pas astreint à certaines formes, le témoins devront l'avoir lu et en rapporter la teneur ? Ce n'est pas notre opinion. La loi dit-elle que la destruction du titre par un événement de force majeure autorisera le réclamant à prouver par té-

moins le contenu de ce titre ? non ; elle dit seulement
que, cette perte justifiée, une exception sera faite à
l'art. 1341.

Or, si la preuve qui nous place dans l'exception,
embrassait la teneur même du titre perdu, il n'y aurait
plus rien à prouver ensuite; en reconstruisant, par la
déposition des témoins, tout le contenu de mon acte,
j'aurais pleinement justifié ma prétention. La loi n'entend pas qu'il en soit ainsi, puisque, dans son système,
la première preuve faite permet seulement d'administrer
la seconde par le témoignage; sans doute, il faudra être
rigoureux, sévère, inflexible ; mais obliger celui qu'une
force majeure a privé de son titre à produire pour
en rétablir la teneur, des témoins qui l'ont lu ou retenu, c'est s'exposer à rejeter trop souvent des demandes raisonnables. On a proposé l'exemple suivant : Je
vous réclame 1,000 fr., je dis vous les avoir prêtés;
vous soutenez ne m'avoir jamais rien emprunté et vous
me demandez mon titre ; je réponds qu'il a été détruit,
mais que je puis légalement justifier de ma créance ; je
prouve que j'ai été victime d'un incendie ; les flammes
ont dévoré le meuble dans lequel plusieurs personnes
ont toujours vu mes papiers ; des témoins dignes de foi
vous ont vu m'emprunter une somme de 1,000 fr.,
plus tard, d'autres vous ont entendu me demander
l'échéance de ces 1,000 fr., ce n'est pas assez : de nouveaux témoins m'ont vu chercher le billet en question,
puis le remettre dans le meuble qui vient d'être réduit en
cendres; d'autres vous ont entendu dire que vous me de-
viez mille francs, payables tel jour ; qui triomphera de
vous ou de moi ? Le doute est-il raisonnable ? est-il
possible ? cependant aucun des témoins n'a vu le billet,
aucun ne l'a lu, aucun n'en rapporte la teneur.

En s'attachant à cette idée que la nécessité autorise à constater par témoins le contenu d'un acte qui n'existe plus, on arriverait à conclure qu'il est permis de reconstituer de la sorte le texte d'un jugement criminel. Le législateur a heureusement reculé devant cette conséquence effrayante. Reproduisant presqu'en entier les principes du Code de brumaire an IV, il trace des règles spéciales. S'il n'existe plus ni expédition, ni copie authentique de l'arrêt de la cour d'assises, mais que le texte de la déclaration du jury existe encore, l'art. 523 du Code d'instruction criminelle veut qu'il soit procédé, d'après cette déclaration, à un nouveau jugement. Si l'on ne retrouve ni le verdict du jury, ni, dans les affaires qui ne sont pas soumises au jury, le jugement, l'art. 524 du même Code exige que l'instruction soit recommencée à partir du point où les pièces manquent, comme s'il pouvait être permis de rejuger une affaire définitivement terminée !... Ce système exorbitant s'applique au cas où il n'existe ni minute, ni expédition d'un arrêt qui n'est pas encore exécuté ; si l'exécution est consommée, elle doit être présumée régulière ; si elle n'est que commencée, il est impossible de la continuer en l'absence de documents authentiques propres à justifier la nature et la durée de la peine ; un seul parti est autorisé, c'est de recommencer l'instruction comme si l'exécution du jugement perdu n'avait pas déjà produit une partie de son effet. La loi vise uniquement le cas d'un jugement de condamnation ; il ne peut donc être question de renouveler le procès qu'à l'égard de ceux qui se trouvent sous le coup d'une condamnation dont la preuve vient à manquer ; quant à ceux qui ont été retenus, pour autre cause, ou mis simplement en li-

berté, ils sont affranchis de la dangereuse alternative
de prouver leur acquittement, ou d'être poursuivis de
nouveau. La rigueur de la loi pourra, dans quelques cas
fort rares, entraîner après coup l'aggravation d'une condamnation définitive, mais elle ne saurait replacer sous
le coup d'une accusation plusieurs fois renouvelée celui
qui aura été affranchi de toute poursuite ; c'est là un
dogme fondamental en matière criminelle.

§ 3.

Matières commerciales.

En matière commerciale, le second principe de l'article 1341 souffre exception, comme le premier ; la
rapidité, l'économie des transactions seraient singuliè-
rement compromises par la nécessité de l'écriture. C'est
là une idée que l'expérience a justifiée et que le législateur a été forcé d'admettre ; et, bien que l'article 105
du Code de Commerce semble n'autoriser la preuve testimoniale au-dessus de 150 fr. que pour les achats et
les ventes, les auteurs et les arrêts généralisent l'application de ce texte ; cette application ne doit cesser qu'en
présence de règles spéciales ; d'ailleurs, quoique l'article
109 du Code de Commerce ne parle que d'achats et de
ventes, n'est-il pas évident que le moyen de preuve
établi pour les actes commerciaux les plus importants,
doit, à moins d'une dérogation spéciale, servir à prouver
tous les autres ? C'est l'usage immémorial du commerce ;
rien n'indique que le législateur ait entendu innover sur
ce point.

Puisque l'article 1341 ne s'applique pas aux matières commerciales, on pourra prouver par témoins la remise faite à un voiturier d'objets destinés à être transportés ; sans doute, si l'article 1782 assimile les voituriers aux aubergistes, c'est uniquement pour la garde et la conservation des choses qui leur sont confiées; sans doute l'art. 1785 leur prescrit la tenue de registres sur lesquels ils doivent inscrire la désignation des choses qu'on leur remet, et les intéressés qui n'exigent pas cette inscription sont en faute; mais les commerçants, eux aussi, sont tenus d'inscrire sur des registres toutes leurs opérations, ce qui ne s'oppose nullement à l'admission du témoignage ; nous croyons donc, avec MM. Malleville (art. 1786), Zachariæ (T II, p. 41) et Marcadé (art. 1348), que le témoignage est permis parce que le transport est une matière commerciale.

§ 4.

Le consentement de celui contre qui est dirigée l'enquête produit-il une 4ᵉ exception ?

Doit-on ajouter aux exceptions de l'article 1348 le cas où celui contre lequel la preuve est réclamée, consent à l'enquête? Cette question, agitée depuis le XVIᵉ siècle n'a pas encore été résolue. Nous n'hésitons cependant pas à répondre non ; non, car la prohibition du témoignage tend à diminuer non-seulement le nombre des faux témoignages, mais encore celui des procès. Le second but, étant d'intérêt général comme le premier, on ne peut, aux termes de l'art. 6, y déroger par aucune convention particulière. Quelle serait la valeur de l'article 1341, si le consentement des parties suffisait pour les affranchir de ses deux règles si impératives; et dans quelle incertitude ne seraient pas les droits les plus sérieux, si, malgré toutes les précautions et pour toute somme, il était permis de se fier encore aux variations du témoignage ? Aussi, le Code n'a-t-il parlé nulle part de cette exception consacrée par l'ancienne jurisprudence, lui qui s'explique sur d'autres causes d'exception que la raison seule indiquait ; bien plus, ses termes accusent l'intention de l'abroger ; l'article 1341 ne dit pas : « on pourra s'opposer à la preuve par témoins, » mais: « il ne sera reçu aucune preuve par témoins; » posant ainsi, non un droit auquel les plaideurs pourraient renoncer, mais une défense adressée au juge, qui ne pourra jamais l'enfreindre.

Les seules exceptions autorisées par la loi sont donc celles que nous venons d'indiquer.

CHAPITRE III.

EXCLUSION PLUS ETENDUE DE LA PREUVE TESTIMONIALE.

Si dans certains cas et pour de justes motifs, la règle de l'article 1341 fléchit, quelquefois, dans le seul but de prévenir des contestations inévitables, le législateur l'étend d'une manière absolue. Cette hypothèse nous reste à examiner.

I. L'ancien usage de Paris et après lui l'article 1715 du Code Napoléon ne permettent pas de prouver par témoins un bail de *maisons* ou de *biens ruraux* entièrement inexécuté, quelle que soit sa valeur ; le danger

d'accumuler des frais pour des objets quelquefois peu
considérables ; la nécessité de terminer promptement des
contestations souvent urgentes et de tarir une source trop
abondante de discussions, exigeait dans ce cas, une
dérogation au droit commun. La seule ressource laissée
aux parties par l'article 1715 est le serment, auquel
on doit, selon-nous, ajouter l'aveu, parce que l'aveu
n'est ici ni plus difficile, ni plus dangereux que le
serment, et que l'article 324 du Code de Procédure l'admet en toute matière. Mais le témoignage ne pourra-t-
il pas au moins s'autoriser d'un commencement de preuve
écrite ? Non ; la célérité, l'économie que le législateur
s'est efforcé de favoriser n'étant pas compatibles avec
une enquête quelconque, rentrer ici dans le droit commun, ce serait déjouer toutes les rigueurs de la loi.
Toutefois, si l'écrit constatant le bail avait été perdu dans
un événement de force majeure, on ne se trouverait
plus dans le cas d'un bail fait sans écrit; et le réclamant,
après avoir prouvé qu'un acte régulier a été dressé,
qu'un événement de force majeure est survenu, que dans
cet événement, l'acte a péri, pourrait établir par témoins le bail nié par son adversaire.

Au reste, on ne peut pas même recourir aux témoins
pour la preuve de l'exécution du bail lorsque cette exécution est contestée; car, comme le dit un arrêt de
cassation du 14 janvier 1840 : « Admettre à prouver
« par témoin des faits considérés comme commencement
« d'exécution d'un bail verbal, ce serait admettre com-
» me conséquence nécessaire la preuve testimoniale d'un
» bail verbal, preuve formellement interdite par la loi. »

Quand le bail verbal a reçu un commencement d'exécution, ou s'il est reconnu, le témoignage n'est pas ad-

mis pour en constater toutes les clauses ; s'agit-il de la durée du bail, les articles 1736 et 1774 la fixent eux-mêmes ; de la quotité du prix, on s'en rapporte aux quittances, et à leur défaut, au serment du locateur, si mieux n'aime le locataire provoquer une expertise ; de toute autre condition, qui échappe aux dispositions spéciales, le droit commun reprend son empire.

Mais est-ce à dire que le propriétaire, qui sans réclamer d'écrit, laisse occuper sa maison, ne puisse pas se faire indemniser par le preneur qui nie l'existence du bail? Boiceau lui accordait, pour ce cas, une action *in factum* contre l'occupant, véritable détenteur de la chose d'autrui ; aujourd'hui l'article 1382 du Code civil lui procurerait la même réparation.

II. On ne peut jamais prouver par témoin une transaction, quelle que soit la valeur du litige, et alors même qu'il existerait un commencement de preuve par écrit, ne serait-il pas étrange en effet qu'un acte destiné à trancher des difficultés, devînt l'objet d'une vérification difficile ?

III. On ne pourrait pas davantage constater au moyen du témoignage, certains contrats maritimes qui, comme le contrat d'assurances, doivent être rédigés par écrit, bien qu'à leur égard l'aveu et le serment paraissent admissibles comme en matière de transaction ou de bail inexécuté ; ni le contrat d'antichrèse quoique la vente, l'échange, le gage puissent se prouver par témoins quand l'intérêt du demandeur ne dépasse pas 150 fr., ni aucune des conventions pour lesquels l'écriture est requise *ad solemnitatem*.

IV. On ne peut non plus prouver par témoins, et ce cas est le plus important, l'existence d'une société com-

merciale anonyme, en non collectif, en commandite,
si les associés veulent opposer cette existence à des tiers
ou s'en prévaloir les uns vis-à-vis des autres ; car l'article 42 du Code de Commerce, renouvelant les prescriptions de l'ordonnance de Blois, de celle de 1629 et de
celle de 1673, que les Parlements laissaient tomber en
désuétude, exige, à peine de nullité, pour la formation
d'une société commerciale, non-seulement un écrit,
mais encore des publications. Au reste, cette nullité, la
chambre de commerce de Normandie le faisait observer,
ne regarde que les associés ; quand des tiers, agissent
contre les associés, à raison de la société, on retombe
dans le droit commun en matière de commerce, ils ont
pour la preuve une latitude indéfinie. Peut-être eût-il
été à propos d'admettre, dans les rapports respectifs des
associés, que nul ne pourrait se prévaloir d'une faute
commune à tous ; le conseil-d'état ne tint pas compte des
réclamations qui lui furent adressées à cet égard : c'est
à dessein qu'au lieu d'infliger une amende, il a main-
tenu la nullité de la convention. En pratique, on reconnaît toutefois qu'il y a eu jusqu'au jour où la nullité est
prononcée, une communauté de fait qui se liquide
d'après les bases dont les parties étaient convenues ; et
la cour de cassation, le 6 juin 1831, est allée jusqu'à
décider que la nullité est couverte entre associés par
l'exécution volontaire des conventions sociales ; mais
cette fin de non-recevoir est toute dans l'intérêt des associés. Or, les associés n'ont besoin d'aucune manifes-
tation extérieure pour être instruits de leur propre convention ; la nullité a donc un but d'ordre public : assurer énergiquement l'observation des formes prescrites.
Nous croyons qu'elle ne peut se couvrir par aucune ra-

tification expresse ou tacite. Toutefois, la jurisprudence essaie d'atténuer la rigueur de l'article 42 du Code de Commerce, quand aux rapports des associés entr'eux ; elle étend, même aux sociétés civiles, la disposition qui défend aux associés commerçants de se prévaloir, vis-à-vis des tiers, de l'omission des formalités légales, et l'on ne peut nier que la raison de décider ne soit la même dans les deux hypothèses ; quand une association quelconque a fonctionné pendant un certain temps, au vu et su de tous, il serait dur de subordonner à la re- présentation d'un acte social écrit la validité des enga- gements qu'elle a contractés à l'égard des tiers ; cette série d'opérations connues constitue, à l'égard de la société, une sorte de possession qui peut sans danger être constatée contre elle à l'aide de la preuve testimo- niale. Quant aux sociétés taisibles formées par un an de cohabitation entre personnes vivant à *pot commun* et confondant ainsi leur avoir et leurs profits, il n'en peut être question à l'avenir ; ces sociétés, si utiles et si usi- tées au moyen-âge, maintenues, même depuis l'ordon- nance de Moulins, dans certaines coutumes, sont pros- crites par l'article 1834, elles ne peuvent donc produire aucun effet, dès que cesse l'accord unanime qui les maintenait ; mais pour le passé, le règlement devrait avoir lieu d'après les conventions tacites des parties, et, à cet effet, la preuve testimoniale serait admissible.

CHAPITRE IV.

DE LA PREUVE TESTIMONIALE EN MATIÈRE DE QUESTIONS D'ÉTAT.

En matière de questions d'État, la théorie de la

preuve testimoniale se présente sous un aspect différent et suit des règles spéciales, diverses comme les situations qu'elles constatent et depuis longtemps réclamées par l'expérience. La loi, on le comprend, devait être moins exigeante pour la preuve d'une naissance ou d'un décès, qui sont de simples faits isolés, que pour celle du mariage et de la filiation, qui constituent des relations sociales ; entre ces deux ordres d'idées, nous allons signaler des différences profondes.

§ 1er.

Naissance et décès.

Les actes de l'état civil sont les moyens réguliers de prouver les naissances et les décès ; cependant il était difficile d'exiger d'une manière absolue un écrit pour constater des faits qu'il est si facile de retenir ; aussi les témoins pourront-ils, en règle générale, être entendus. Or, il peut arriver que les actes de naissance ou de décès viennent à manquer, soit que les registres de l'état civil aient été perdus, soit qu'il n'en ait pas 'été tenu, soit qu'on ait omis d'y mentionner les faits en question.

I. La perte des registres (la jurisprudence et la doctrine assimilent à la perte totale du registre celle du fragment qui devait contenir l'acte réclamé), c'est en cette matière la perte du titre, et en admettant, dans ce cas, la preuve par témoins, l'art. 46 applique le principe en vertu duquel l'acte détruit par force majeure, fût-il solennel, peut être rétabli au moyen d'une enquête.

II. S'il n'a pas été tenu de registres, ou s'ils n'ont été tenus qu'incomplètement, la solution doit être la même, à cause de l'impossibilité de dresser acte de l'événement quand il a eu lieu : impossibilité tantôt physique , comme dans le cas d'une inondation où les communications sont interrompues , tantôt morale quand des officiers négligents n'auront pas tenu de registres , car on ne peut exiger des parties qu'elles poursuivent judiciairement ces officiers pour les mettre en demeure d'exécuter la loi.

III. Si la naissance ou le décès n'ont pas été mentionnés sur des registres et que les registres où ils auraient dû l'être ne présentent aucune trace de destruction ou d'altération partielle , la question est plus délicate , et la solution ne peut plus être la même , aucun fait matériel ne rend vraisemblable la prétention soulevée; admettre en pareil cas la preuve testimoniale , ce serait favoriser trop ouvertement la fraude et rendre inutiles toutes les dispositions qui régissent les actes de l'état civil ; ne serait-il pas toujours facile d'alléguer une omission dont il n'existe pas de traces? La loi ne l'a pas voulu. Elle n'accueille la preuve testimoniale que s'il existe un fait facile à constater et rendant la prétention du réclamant vraisemblable. C'est l'idée qui ressort des art. 70 , 71 , 72 , car si ces articles permettent au futur époux , qui ne peut rapporter son acte de naissance , de le suppléer par un acte de notoriété , c'est là une faveur spéciale au mariage , et qui n'eût pas été nécessaire s'il avait été permis en principe de prouver par témoins l'omission d'abord , puis la naissance ; car , tandis que pour prouver en la forme ordinaire , un seul témoin peut suffire , pour l'acte de notoriété il en faut sept , attestant tous le lieu et l'époque de la naissance. L'esprit de la loi est donc évident ; le 17 germinal an XIII , un avis du conseil d'Étal fit une application de notre doctrine, en exigeant que pour être admises à contracter de secondes noces , les femmes de militaires morts à l'armée rapportassent la preuve du décès de leur mari; et le 13 janvier 1817 , une loi relative aux militaires qui avaient disparu dans les guerres de 1792 à 1815 , déclare (art. 5) que la preuve testimoniale du décès de ces militaires pourra être ordonnée, conformément à l'art. 46 du Code Civil, seulement s'il est prouvé qu'il n'y a point eu de registres ou qu'ils ont été perdus ou détruits , ou que leur tenue a éprouvé des interruptions. Pourquoi tant de décisions spéciales si, en cette matière, la preuve testimoniale avait été le droit commun ?

§ 2.

Mariage.

Lorsqu'il s'agit non plus d'un événement instantané comme la naissance ou la mort , mais d'une relation destinée à se perpétuer comme le mariage ; elle peut être constatée de trois manières : par l'acte qu'exige la loi ; à défaut d'acte, par la preuve directe du fait générateur de la relation dont il s'agit : de la célébration du mariage; de la paternité , de la maternité , ou par la preuve indirecte qui résulte d'un ensemble de faits rendant cette relation vraisemblable ; c'est, comme on l'a dit, vérifier le droit , au moyen de l'exercice du droit ; la propriété , au moyen de la possession ; en d'autres termes ; c'est prouver la possession d'état.

Aujourd'hui, où il n'est plus question de paroles *de pré-*

sent, l'agglomération des populations dans les grands cen-
tres, la facilité des déplacements, rendraient la preuve par
la possession d'état trop dangereuse, s'il était permis aux
prétendus époux de s'en prévaloir en l'absence d'un acte
écrit, lorsqu'il n'existe pas un fait matériel rendant leur
prétention vraisemblable. Sans doute, aujourd'hui,
comme autrefois, on peut recourir à l'enquête pour
mettre au jour les relations maritales existant entre deux
personnes ; seulement, ces relations ne feront pas nécessairement présumer un mariage régulier ; les témoins
sont toujours admis à prouver les faits, mais les faits
ne sont plus concluants : *Frustrà probatur quod probatum
non relevat*, c'est le sens de l'article 195 du Code Nap.
Ne sera-t-il pas, en effet, toujours facile à l'époux demandeur de désigner le lieu du mariage, et sauf le cas
si rare où les registres n'existent pas, n'arrivera-t-on
pas aisément à la vérification des faits ?

Quant aux enfants, leur situation est tout autre : il
ne leur a pas été possible d'obtenir une preuve écrite,
il peuvent ignorer le lieu où leurs parents se sont mariés ;
aussi, l'art. 197 leur permet-il d'établir leur légitimité
sur la possession d'État de leurs auteurs, lorsque rien
dans leur acte de naissance ne contredit cette prétention ; encore faut-il pour cela que les deux époux soient
décédés, absents ou incapables de manifester leurs pen-
sées. Lorsque l'un des deux époux est vivant et capable, il
faut l'interroger sur le lieu de la célébration, sans distinguer s'il a ou non des intérêts contraires à ceux de son
enfant, le législateur ne pouvant supposer que, par une
réticence frauduleuse, un père voulût faire descendre
son enfant légitime au rang de bâtard.

Quant à la preuve directe de la célébration du mariage, s'il n'a pas été tenu de registres, quoique le mariage soit astreint à des formes solennelles, le témoignage devra être admis, l'ordonnance de 1667 et l'article 46 du Code Nap. l'autorisent pleinement. La nullité de l'acte (non celle du mariage) sera couverte par la possession d'état. D'ailleurs, le mariage n'est pas un contrat littéral ; son essence consiste dans le consentement publiquement donné à l'officier public compétent ; cela ressort de l'article 75 du Code Nap. et de la doctrine de Pothier.

Mais s'il existe des registres bien tenus, sans altération apparente, l'enquête est inadmissible (art. 194) ; il était possible d'obtenir une preuve écrite, il y avait un registre régulier, les parties devaient veiller à ce que leur union y fût constatée. Nous n'admettrons même pas, en pareil cas, la possibilité du serment, et, plus rigoureux que l'ancienne jurisprudence, nous n'autoriserions pas la preuve testimoniale sur un commencement de preuve par écrit de la célébration. L'esprit de la loi est d'exclure totalement les témoins ; s'il n'y a pas eu impossibilité, au moins morale de faire dresser un acte.

En résumé, le mariage ne peut être constaté indirectement au moyen de la possession d'état, que par les enfants des prétendus conjoints. On peut le prouver directement par témoins, seulement en cas de perte ou de non existence des registres. S'il existe des registres régulièrement tenus, c'est à ces registres qu'il faut s'en rapporter.

§ 3.

Filiation.

D'après le droit commun, l'enfant devrait jouir d'une

immense latitude pour faire preuve de son origine , puisqu'il a été dans l'impossibilité de faire dresser un acte constatant sa filiation ; mais la crainte qu'on n'usurpât trop facilement un état difficile à contrôler, a fait sacrifier l'intérêt de quelques enfants à celui de l'intégrité des familles ; et comme il est peu probable qu'on élève comme sien l'enfant d'autrui , de tout temps, on a reconnu que la possession d'état suffisait pour prouver la filiation ; il n'y a de restriction que si la constatation porte directement sur le fait de la paternité ou de la maternité dont la nature occulte ne peut se prêter à la preuve testimoniale.

La filiation peut être légitime ou naturelle ; la moralité, la décence publique, d'un côté , l'honneur qui s'attache à une naissance légitime , de l'autre, la tache qui résulte d'une naissance naturelle, l'habitude de dissimuler un semblable événement ; l'éclat qui environne la filiation légitime , le doute qui plane toujours sur l'origine d'un bâtard , exigeaient une distinction radicale.

N° 1. — *Filiation légitime.*

I. La possession d'état (elle n'a rien que d'honorable, ce qui rend la recherche facile) suffit pour établir la filiation légitime (art. 320, 321.) Les éléments qui la composent peuvent se ranger sous trois chefs , *nomen*, *tractatus*, *fama*; mais la réunion de ces trois chefs n'est pas exigée et tout se réduit, pour les tribunaux , à une question d'appréciation. La possession d'état suffit à défaut de titres , bien que l'acte de naissance soit le mode ordinaire de preuve, et même en présence de registres, sans altération, à moins qu'elle ne résulte d'une erreur ou d'une fraude.

II. S'il y a en même temps, acte de naissance et possession conforme à ce titre, l'état de l'enfant ne peut être contesté ni par les tiers, ni par l'enfant lui-même. Cette solution réclamée par la stabilité des familles avait été admise dans l'ancienne jurisprudence, au commencement du 18e siècle; mais ce n'était là qu'un point de doctrine, aucun texte ne le consacrait et la faveur des personnes y fit quelquefois déroger d'une manière scandaleuse. L'art. 322 coupe court à de tels abus. Il faut toutefois, pour arriver à cet effet important, que l'identité de la personne à laquelle se rapportent l'acte et la possession d'état, soit certaine. S'il y a une substitution d'enfant, après l'inscription sur les registres de l'état civil, le concours de la possession et du titre n'est qu'apparent, et la possession qu'on invoquerait en faveur de l'enfant substitué ne se rapporterait pas à l'enfant inscrit. Il en serait autrement si la substitution était antérieure à l'acte de naissance, et ici le législateur a sacrifié à l'intérêt général le malheur de quelques situations exceptionnelles.

Qu'il y ait seulement possession d'état ou concours de la possession et du titre, la preuve de la filiation ne mène à la légitimité qu'autant qu'il y a mariage entre les époux désignés. La filiation une fois constante, il restera donc à établir : la célébration d'un mariage entre le père et la mère et la validité de ce mariage; c'est aux enfants de prouver la célébration ; si au moins un des parents est capable de s'exprimer, les enfants devront fournir la preuve directe de la célébration du ma-

riage par écrit, et quand la loi le permet, par témoins ;
si, au contraire, il n'existe pas de parents qui puissent
indiquer le lieu de la célébration du mariage, les enfants (197) sont admis à fonder leur légitimité sur la
possession d'état de leurs père et mère comme mari et
femme combinée avec leur propre possession ; quant à
la validité du mariage, ils n'ont pas à la démontrer,
tout mariage régulièrement contracté étant réputé valable ; mais les adversaires conserveront le droit de l'at-
taquer au fond ; car tout ce que doit faire présumer cette
possession, c'est qu'une union a été contractée ; pouvait-elle l'être ? C'est là une question sur laquelle le fait
postérieur de la possession ne jette aucune lumière.

Au reste, les effets de la possession d'état, même
en ce qui touche la filiation légitime, sont parfaitement
divisibles ; l'induction puisée dans la possession d'état
ne sera pas plus forte qu'un aveu formel et n'assurera
l'état de l'enfant qu'à l'égard de l'époux qui l'a traité en
enfant légitime.

III. S'il n'y a ni titre, ni possession, il ne reste d'autre ressource que de faire par témoins la preuve directe
de la filiation ; ce qui est délicat et difficile. Faut-il avec
notre ancienne jurisprudence, refuser une semblable
preuve si elle est isolée ? Faut-il, comme le projet du
Code, exclure en cette matière le témoignage, s'il ne
s'autorise d'un commencement de preuve par écrit ? ou
comme les orateurs du tribunat ou du conseil-d'état, se
contenter d'indices graves ? Ce parti est celui qu'on suit
aujourd'hui pour motiver le jugement interlocutoire qui
ordonne l'enquête. (323) Par cela seul qu'il suffit de
présomptions graves et favorables, au réclamant, on
doit admettre même un écrit n'émanant pas d'une per-

sonne intéressée dans la contestation, et puisque des indices matériels n'émanant pas d'un intéressé peuvent servir de base à l'enquête, n'eût-il pas été inconséquent d'être plus sévère pour les documents écrits? (art. 324). Ainsi, je réclame un état vis-à-vis de vous que je prétends mon frère, je puis vous opposer des écrits émanés non-seulement de vos père et mère, mais même d'un frère qui n'est nullement en cause. Mais, bien entendu l'on n'aurait aucun égard aux déclarations de tiers sans intérêts.

Admettra-t-on les témoins à déposer de la filiation, au cas de perte des registres sans que le réclamant allègue en sa faveur aucune autre circonstance que cette perte? Non, car l'indice grave doit conduire à une probabilité et non à une simple possibilité. Au reste, tout doit se réduire à une question d'appréciation. — L'existence de registres réguliers indiquant une autre filiation ne ferait pas non plus obstacle à l'admission de la preuve testimoniale, dans le cas où elle est permise. Le titre sans possession, pas plus que la possession sans titre, ne constitue une preuve inébranlable.

IV. La possession d'état, vis-à-vis de la mère seule, n'emporte pas la preuve de la paternité. Si l'acte de naissance ne mentionne que la mère, l'enfant est-il inscrit comme né de telle femme désignée par son nom de femme mariée, sans que le nom du mari lui-même ait été ajouté, le mari est virtuellement désigné comme père; puisque c'est par le nom qu'elle tient de lui que la mère est désignée. — L'enfant est-il inscrit comme né de telle femme mariée et d'un père inconnu, sa légitimité est douteuse; cependant la présomption de la loi l'emporte, même en présence du doute. Est-il inscrit comme né de telle femme mariée et d'un père déterminé autre que le mari, la présomption subsiste encore; mais toute latitude doit être laissée au mari, pour la renverser. D'après l'art. 323 il n'y a défaut de titre que si l'enfant est inscrit, soit sous de faux noms, soit comme né de père et mère inconnus. Or, celui qui est inscrit sous le nom de sa mère, n'est dans aucune de ces exceptions; il peut donc invoquer la preuve littérale de la maternité pour arriver, par la présomption légale, à démontrer la paternité légitime. — L'enfant est-il inscrit sous le nom de fille de sa mère, la présomption légale conserve son empire; mais une inscription aussi défectueuse peut être considérée comme un recel de naissance.

Lorsqu'il n'y a ni titre, ni possession, la maternité seule pourra résulter de l'enquête, la paternité, même légitime, n'étant jamais susceptible de preuve directe. Quelque suspecte que soit la position d'un enfant qui n'a été ni inscrit ni reconnu par ses parents, si la maternité est légalement constatée en justice, il pourra se placer avec confiance sous l'égide de la présomption romaine, *pater is est quem justæ nuptiæ demonstrant;* c'est à ses adversaires à prouver que la présomption porte à faux; une grande latitude leur est accordée pour fournir cette preuve. Nous admettons même qu'en pareil cas, les limites ordinaires de l'action en désaveu s'élargissent; est-il naturel de croire que l'art. 325 eût autorisé tous les moyens propres à établir la non-paternité pour ne faire qu'un simple renvoi aux règles restrictives du chapitre précédent? Nous permettrions aux adversaires de l'enfant d'invoquer une impossibilité physique ou une impossibilité morale; et tandis que, dans la seconde hy-

pothèse, le père n'aurait été recevable que sur la preuve
du recel de la naissance, nous les dispenserions de justifier de ce recel. Dans l'absence simultanée de titre et de
possession, n'y a-t-il pas quelque chose d'insolite qui
suppose presque toujours une naissance cachée? La simi-
litude des articles 313 et 325 se référant à des positions
si analogues, a décidé la jurisprudence à assimiler au
recel l'absence de titre et de possession d'état (1).

N° 2. — Filiation naturelle.

I. Les articles 345 et 342 défendent de rechercher et
de reconnaître la filiation naturelle, quand elle est adultérine ou incestueuse; et, en admettant, avec quelques
auteurs et quelques arrêts, qu'il soit permis de constater
l'origine entachée de l'un de ces vices, soit pour procurer à un enfant les aliments que la loi assure, soit
pour obtenir la réduction des dispositions faites en sa
faveur, on devrait au moins exiger, comme le fait la
loi du Piémont, une reconnaissance expresse : autoriser
la preuve de cette origine par le témoignage, s'appuyât-
il sur commencement de preuve écrite, serait contraire au vœu de la morale comme à celui de la loi. Mais
des textes formels nous paraissent prohiber toute reconnaissance et toute recherche, et en présence des principes
du législateur, l'art. 762 qu'on nous oppose semble ne
pouvoir s'appliquer qu'à une preuve qui, comme le
désaveu, résulte de la nature même des choses.

(1) Bordeaux, 12 févr. 1838. C. Cass. 9 nov. 1809. — Merlin,
v° légitimité.

II. Quand la filiation naturelle n'est ni incestueuse, ni adultérine, il est toujours permis de la reconnaître volontairement; mais sa recherche n'est, en général, autorisée que pour la maternité. La maternité est un fait apparent; on peut la constater sans trop de scandale. Aussi en admet-on la preuve. Comme pour la maternité légitime, deux sortes de preuves nous semblent possibles : l'une directe, établissant que telle femme est accouchée de tel enfant; l'autre indirecte, se fondant sur la possession d'état. On a contesté que la possession d'état pût être admise; cependant le motif des restrictions de la loi étant la crainte de révéler un scandale ignoré, la possession qui suppose un fait hautement avoué par la partie la plus intéressée à le cacher, n'offre pas l'inconvénient qu'on redoute. Pourquoi, d'ailleurs, permettre de rechercher la grossesse et l'accouchement d'une femme non mariée, contre sa volonté, si les actes qui manifestent la maternité aux yeux de tous, doivent demeurer sans effet? Si l'art. 341 ne parle que de la preuve par témoins, c'est que, dans le langage de la loi, cette preuve s'applique spécialement à la vérification directe du fait générateur de la filiation, et toute la discussion de cet article prouve que, par son silence, le législateur n'entend pas exclure la possession d'état. Si lors de la confection du Code, la rédaction qui faisait de la possession d'état un commencement de preuve, fut repoussée, ce fut non pas en haine de la possession, mais parce que, selon le mot de Portalis, «la possession était la plus complète de toutes les preuves.» S'il en était autrement, quelle ressource resterait aux malheureux dont les mères qui ne savent pas écrire n'ont jamais pu fournir le commencement de preuve exigé pour autoriser l'enquête? En matière de filiation naturelle, l'aveu tacite qui résulte de la possession d'état est certainement plus fort que ce commencement de preuve, puisque, pour accomplir des devoirs qu'imposait la nature, il a fallu affronter le déshonneur, le blâme, et se mettre au-dessus de l'opinion publique tout entière.

La preuve directe par témoins du fait de la maternité n'est reçue qu'autant que le réclamant a déjà un commencement de preuve par écrit (341). De simples indices, quelle qu'en fût la gravité, eussent prêté trop aisément à des accusations calomnieuses; la loi n'a pas non plus reproduit l'extension donnée au commencement de preuves par écrit en matière de filiation légitime (324). Nous devons donc, en nous reportant au droit commun, exiger que ce commencement de preuve émane de la partie à laquelle on l'oppose. Le but de la loi serait méconnu, si l'aveu pouvait émaner d'un tiers auquel il n'aurait rien coûté.

Toute preuve directe de la maternité supposant prouvés : le fait de l'accouchement de la prétendue mère; l'identité du réclamant avec l'enfant dont elle est accouchée, le commencement de preuve par écrit portera-t-il sur ces deux éléments à la fois? L'art. 341 répond à cette question; en présence de ses termes, il est impossible d'admettre que la preuve de l'accouchement permettra de faire ici par témoins celle de l'identité. Il faut nécessairement que le commencement de preuve par écrit porte aussi sur l'identité; ne serait-il pas scandaleux que vous pussiez prouver même par écrit qu'une femme non mariée a eu un enfant, quand vous, dont l'intérêt provoque la constatation de ce fait déshonorant, ne pourriez établir votre identité avec cet enfant qu'au moyen

de la preuve testimoniale? Il faut de plus que le commencement de preuve porte aussi sur l'accouchement ;
la nature des choses veut qu'il résulte de cet écrit un
rapprochement entre celui qui réclame et l'enfant dont
la défenderesse est accouchée à telle époque. Mais il ne
faut pas aller jusqu'à exiger qu'au préalable le fait de
l'accouchement soit entièrement justifié par écrit, car la
preuve que doit faire l'enfant est complexe ; la constatation de l'idendité impute nécessairement la condition
de prouver l'accouchement, et la loi n'admettant qu'un
seul mode de preuve, il doit s'appliquer forcément à
l'un et à l'autre fait.

III. La recherche de la *paternité* est généralement interdite ; le projet de loi n'établissant aucune exception, se
bornait à accorder des dommages à la mère en cas de
rapt ou de viol. Mais comme il parut contradictoire au
conseil-d'état d'autoriser une action en indemnité et de
rejeter la recherche de la paternité d'une manière absolue,
la rédaction de l'art. 340 autorisa les tribunaux à déclarer
le ravisseur père de l'enfant, quand l'époque de l'enlèvement coïncidait avec celle de la conception ; quant au
viol, il fut écarté comme n'étant pas une preuve décisive
de la paternité. Toutefois, peut-être avec raison, le
code hollandais et celui du grand-duché de Bade le con-
sidèrent comme une induction grave.

La preuve, dans le cas qui nous occupe, pourra évidemment se faire par témoins. La date de la naissance
s'établira par les actes de l'état civil ; la preuve testimoniale pourra la suppléer, car les précautions qu'exigeait
l'honneur de la mère expliqueront leur silence. La recherche de la paternité adultérine ou incestueuse s'applique bien évidemment même au cas d'enlèvement ;

pourquoi l'art. 342 interdirait-il la recherche de cette paternité, si ce n'était pour étendre le principe relatif à la paternité ordinaire?

Si la preuve indirecte du fait de la paternité est admise au cas d'enlèvement; à plus forte raison peut-on, dans ce cas, justifier des soins donnés par le ravisseur à titre de père; mais la possession résultant de semblables soins produira-t-elle un effet ou toute autre circonstance? Non; l'art. 340 qui proscrit la recherche de la paternité, est absolu; en présence de son texte, que la législation précédente rend plus formelle encore, on ne peut attribuer à la possession d'état aucun effet vis-à-vis du père naturel.

La faculté de rechercher la paternité naturelle proscrite depuis un demi-siècle en France, se retrouve aujourd'hui en Allemagne, en Suisse, en Angleterre, aux États-Unis, chez la plupart des peuples; mais la preuve directe du fait de la paternité étant toujours difficile, on s'en rapporte volontiers à la déclaration de la mère par application de la fameuse maxime du président Fabre : *Creditur virgini juranti se eo tali esse prægnantem.* Toutefois, les législations modernes, qui ont statué sur ces matières délicates, et notamment les codes de Vaud (art. 188), de Berne (art. 185), de Fribourg (art. 222), d'Argovie (art. 220), permettent au père (c'est l'esprit de notre ancienne jurisprudence) d'opposer à la déclaration faite contre lui des exceptions tirées de la conduite antérieure de la mère ou de l'impossibilité du fait. — Les principes du Code Nap. ont été à peu près adoptés par les Codes des Deux-Siciles, de Sardaigne, de Hollande; la législation de la Louisiane, par un bizarre effet des préjugés du Nouveau-Monde, admet entièrement la recherche de la paternité en faveur des enfants libres et blancs, mais ne l'accorde aux enfants de couleur qu'autant qu'ils sont libres, et à la charge de ne désigner pour leur père qu'un homme de couleur (art. 226).

CHAPITRE V.

DE LA PREUVE TESTIMONIALE EN MATIÈRE CRIMINELLE.

Le témoignage est, en droit criminel, la preuve de droit commun, quelle que soit la valeur du dommage causé par le délit, puisque l'article 1348 du Code Napoléon excepte formellement les délits de la règle générale posée par l'article 1341 ; cela résulte d'ailleurs des articles 154, 189, 190, 315, 329, 341, 342 du Code d'Instruction criminelle et la raison en était donnée par Boiceau, il y a bien long-temps : *quia scriptis delinqui non soleat, imò clam vel noctu.* Mais, comme tout délit autorise, outre l'action publique, une action civile ayant pour objet la réparation réelle du préjudice causé, il importe de savoir jusqu'à quel point les restrictions apportées par le Code Nap. à la preuve testimoniale, sont admissibles au criminel.

§ 1er.

Règle en matière de questions préjudicielles.

Il peut y avoir une relation nécessaire et indivisible entre un délit et un contrat formant par lui-même le corps du délit, c'est le cas du failli, accusé de s'être reconnu débiteur de dettes fictives, ce qui emporte banqueroute frauduleuse ; l'appréciation de la fraude est alors inséparable de celle de l'écriture dans toute situation anologue ; non-seulement l'action civile, mais l'action publique elle-même ne sauraient s'appuyer sur le témoignage.

Le plus souvent néanmoins les éléments qui échappent à la preuve testimoniale, ne sont pas constitutifs du délit ; ils provoquent de simples questions préjudicielles ; la scission étant dès-lors praticable, faut-il renvoyer aux tribunaux civils la solution de la difficulté préalable ? Et par exemple, au cas d'un détournement d'effets remis, à titre de louage, de dépôt ou de mandat, l'existence du louage, du dépôt ou du mandat ne pourra-t-elle être établie que devant les tribunaux civils ? En pareille hypothèse, la juridiction criminelle est aujourd'hui compétente et l'article 7 du Code d'Instruction criminelle pour prévenir la multiplicité des procédures, déclare l'action civile suspendue, quand l'action publique a été intentée la première. En l'absence de toute dérogation formelle à cette règle, on doit encore s'attacher à ce principe du droit romain que le juge de l'action est celui de l'exception, car si ce principe est sujet à des restrictions nombreuses, la loi a toujours le soin de les signaler. En règle ordinaire, le tribunal criminel juge donc l'incident, sans avoir, pour la preuve, plus de latitude que n'en aurait un tribunal civil ; car il serait bizarre que, dans la même procédure, et devant le même juge, la partie publique pût prouver le délit par témoins, tandis que la partie civile ne le pourrait pas et que l'action la plus grave, celle qui met en jeu l'honneur et la liberté, pût réussir au moyen d'une preuve trop faible pour faire triompher une simple action pécuniaire. Cette opinion, la plus simple de celles qu'on a proposé sur la question, est conforme à l'avis de Merlin, que la cour de cassation adopta à l'unanimité le 13 novembre 1813. D'ailleurs les articles 2 du Code d'Instruction criminelle et 51 du Code Pénal n'autorisent-ils pas le juge criminel à statuer non-seulement sur l'indemnité que le délit doit amener, mais sur la réparation du tort réel qu'il a causé ? L'article 1341 du Code Nap. s'opposant donc à l'admission de la preuve testimoniale, lorsque la valeur de la chose réclamée excède 150 fr. et que le délit suppose nécessairement un fait soumis à cet article ; ce serait éluder la loi que de prendre la voie criminelle, pour faire indirectement ce qu'elle ne permet pas de faire directement. Et cette solution ne contrarie nullement le principe en vertu duquel le droit public l'emporte sur le droit privé ; car la plupart des cas où la preuve testimoniale est prohibée par l'article 1341, sont relatifs à des délits privés assimilés aux véritables délits par des considérations d'utilité générale ; du reste, lui aussi, l'article 1341, tient à l'ordre public, puisqu'il a pour but de prévenir la corruption des témoins et le trouble que la liberté d'appeler la preuve testimoniale au secours des prétentions pécuniaires les plus élevées jetterait dans la société.

Ainsi, ou le délit qu'on prétend avoir causé à la partie civile un préjudice de plus de 150 fr., suppose un fait antérieur et dont la partie lésée aurait pu retirer la preuve écrite, ou il ne le suppose pas. Au premier cas, ni l'action publique, ni l'action privée ne sont admissibles si le fait n'est prouvé conformément à l'article 1341 ; au second cas, les deux actions peuvent s'appuyer sur la preuve testimoniale , et ce n'est là qu'une application des lois civiles et criminelles qui permettent de prouver par témoins le dol, la fraude , la violence. (C. Nap. Art. 1348, 1353, 1304).

Il est naturel que les exceptions faites par la loi civile à la prohibition de la preuve testimoniale puissent aussi être invoquées en faveur de l'action publique et de l'action civile pour délit.

Dans le cas où l'on poursuit un délit contrairement au contenu d'un acte authentique , comme un tel acte prouve jusqu'à inscription de faux , il faut, avant tout, s'inscrire contre lui , et c'est seulement après qu'on l'a renversé par ce moyen, que l'action pour le délit est admissible. Mais cette inscription de faux ne serait pas nécessaire si le délit avait été la cause de l'acte lui-même. Si l'on poursuit des prêts usuraires contractés par actes authentiques , la preuve testimoniale ne peut servir à prouver le vice de ces actes contre leur contenu textuel; mais si la convention usuraire est le résultat de la mauvaise foi , la demande de prouver par témoins ce fait , et celui de l'usure, devrait être admise.

§ 2.

Exceptions à la règle générale.

Les exceptions les plus remarquables en principe que le tribunal criminel demeure saisi de la question préjudicielle, en se conformant , s'il y a lieu, aux rigueurs du droit civil, sont relatives à la propriété immobilière et à l'état des personnes.

I. La législation Romaine avait reconnu quel danger il y aurait à trancher d'une manière incidente la question concernant des droits réels immobiliers. Les réclamations supposant une propriété qui n'était pas certaine, étaient repoussées par l'exception *quod prejudicium prœdio non fiat.* Notre législation n'a reproduit nulle part ce principe ; mais la loi du 29 septembre 1791 sur l'administration forestière, l'art. 182 du Code forestier, la loi du 15 avril 1820, sur la pêche fluviale, d'autres encore paraissent en supposer l'existence, et la jurisprudence décide que la propriété des immeubles est exclusivement de la compétence des tribunaux civils. Cette décision toutefois ne saurait être admise, sans de sages tempéraments. Il faut, en effet, que le moyen sur lequel on s'appuie soit propre à dépouiller le fait incriminé de tout caractère de délit ; on alléguerait vainement son propre droit de propriété pour se justifier d'avoir troublé une possession annale. Il faut de plus que ce moyen soit personnel au prévenu, il ne serait pas reçu à prouver que l'immeuble par lui dégradé appartient non à l'adverse partie, mais à un tiers. Il faut encore un commencement de preuve du droit allégué ; commencement qui pourra résulter soit d'un titre apparent, soit de faits de possession articulés avec précision ; sans cela, tout inculpé soutiendrait n'avoir agi qu'en qualité de propriétaire. Afin que, par de semblables allégations, on ne cherche pas à gagner du temps, le législateur fixe un bref délai pour vider la question préjudicielle. Au reste, on applique le principe *reus excipiendo fit actor*, en ce que c'est au prévenu à poursuivre l'instance et à faire preuve de son droit devant le tribunal civil.

Rien, dans notre législation, n'autorise une extension analogue pour ce qui touche la propriété mobilière ; aussi la Cour de Cassation a-t-elle constamment reconnu que les questions incidentes relatives à cette propriété peuvent être vidées par le tribunal criminel.

II. En matière de questions d'état, l'art. 326 du Code Napoléon déclare la compétence exclusive des tribunaux civils. Il n'est même pas permis au ministère public, comme dans le cas précédent, de poursuivre un délit qui se rattache à une question d'état, sauf à surseoir jusqu'à ce que la question civile préjudicielle ait été vidée ; l'art. 327 exige formellement que la poursuite criminelle d'un délit de suppression d'état ne puisse être intentée qu'après un jugement civil définitif sur la question d'état elle-même ; cette dérogation aux règles ordinaires est fort grave ; il ne s'agit pas d'un délai pour agir devant les tribunaux ordinaires. L'action civile est entièrement libre, et le silence des parties, quel qu'en soit le motif, tient le ministère public en échec, restriction étrange et dangereuse, née de cette erreur trop accréditée, qui regarde la preuve testimoniale comme nécessairement admissible au criminel !

Le projet du Code avait exigé que le ministère public, avant de poursuivre au criminel le crime de suppression d'état, produisît un commencement de preuve par écrit ; c'était logique, puisque d'une part, les règles de la preuve testimoniale ne sont pas attributives de juridiction et que, d'un autre côté, les incidents civils sont de la compétence des tribunaux criminels, sans que ces tribunaux puissent s'écarter des règles tracées par le droit civil. Ce système, on ne comprend pas pourquoi, fut rejeté ; mais afin d'éviter l'arbitraire de l'ancienne jurisprudence, l'on décida, qu'en ces matières, contrairement au droit commun, le civil tiendrait le criminel en état. Le Code Hollandais, s'emparant du système que nous n'avions pas su admettre, a sagement concilié l'intérêt de la justice pénale qui réclame un châtiment et celui de la paix des familles, qui veut que les réclamations d'état reposent sur une base sérieuse.

La prohibition de l'art. 327 subsistant toujours, on s'est demandé le sens de ces mots : suppression d'état ? Si les délits tiennent à la personne de l'enfant, sans compromettre son état, ce qui est le cas de l'exposition ou de l'enlèvement, nul doute que la poursuite ne soit possible sans aucune action civile préalable. Alors même que la question soumise à la juridiction criminelle est relative à l'état, si la solution qu'elle doit recevoir laisse intacts les droits et la position de l'enfant, l'action publique est encore admissible sans préalable ; c'est le cas de la poursuite de faux dirigée contre une personne prévenue d'avoir signé, en prenant le nom du mari, l'acte naissance de l'enfant d'une femme mariée ; c'est aussi celui du père, accusé d'avoir fait inscrire, comme né vivant, afin de révoquer une donation entre-vifs, un enfant mort-né. Supposez que le fait incriminé eût directement trait à une suppression d'état, faut-il punir le fait matériel, s'il existe, indépendamment de la suppression d'état, bien qu'aucune action civile ne soit intentée ? Merlin soutint énergiquement que l'état n'étant l'objet d'aucune réclamation civile, on devait en faire abstraction, pour s'attacher à la falsification qui, prise isolément, tombait sous le coup de la loi pénale : son opinion fut repoussée par la cour suprême, le 30 mars 1813. Mais, le 2 juillet 1819, la même cour décida, avec plus

de raison, que le ministère public avait le droit de poursuivre, quand par la mort de la personne dont l'état
avait été supprimé, l'action civile était devenue impossible; il ne fallait pas, qu'en présence d'un si grand crime, la vindicte publique demeurât complétement dé-
sarmée.

L'art. 327 défend-il aux tribunaux criminels de ju-
ger des questions de filiation, lorsqu'elles ne surgissent
que comme de purs incidents, dont la solution toute
provisoire laisse intact le débat sur le fond de l'état, s'il
doit s'élever plus tard? Non, ce serait exagérer la portée de cet article. Ainsi, une cour d'assises peut déclarer recevable l'intervention d'une partie à raison des
liens de parenté qui l'unissent à la victime d'un assassi-
nat poursuivi devant elle, car cette décision ne préjuge
la parenté qu'en ce qui concerne le droit aux réparations
civiles; ou prononcer l'aggravation de la pénalité, à
cause des rapports de paternité et de filiation, unissant
l'assassin à son meurtrier; c'est alors le cas de restituer
son empire au principe, en vertu duquel le juge du
principal est juge de l'incident.

Dans les art. 326 et 327, ces mots : *réclamation d'état*,
suppression d'état, ont un sens particulier, spécial à la
filiation; pour les autres questions relatives à l'état des
personnes et notamment pour le mariage, le motif qui
a fait supprimer l'action publique n'existant plus, soit
devant les tribunaux civils, soit devant les tribunaux
criminels, la preuve testimoniale est admissible.

III. La loi du 16 fructidor an III réserve à l'autorité
administrative l'interprétation des actes qui émanent
d'elle. La loi du 28 ventôse an XII attribue exclusivement aux tribunaux civils les constatations sur le fond des
droits en matière de contributions indirectes.

IV. En règle générale (art. 154, 189, 242 C. I.), à défaut de procès-verbaux et même dans les cas où ils étaient exigés, le témoignage est permis; toutefois, il ne peut pas toujours en être ainsi: l'importation des marchandises, la circulation de denrées en contravention aux lois fiscales, sont des faits extrêmement fugitifs; une saisie accompagnée d'un procès-verbal régulier, est exigée pour en autoriser la poursuite; c'est ainsi que la jurisprudence interprète les lois des 19 brumaire an VI, 9 floréal an VII et le décret du 1er germinal an XIII; mais si pour prononcer l'amende et l'emprisonnement, la preuve testimoniale ne suffit jamais, en l'absence du procès-verbal, on l'admet en vertu d'une exception prudente, pour permettre la confiscation d'objets saisis qu'il serait trop dangereux de rendre aux prévenus. Nous croyons qu'on doit s'écarter ici du droit commun et ne pas admettre de commencement de preuve par écrit: ne serait-il pas vexatoire d'autoriser, en l'absence d'une base fixe, des poursuites dont l'exercice est si souvent arbitraire pour des faits dont la gravité morale est presque nulle? Là où cesse l'intérêt social, il nous semble que la répression doit s'arrêter.

CHAPITRE VI.

PREUVE TESTIMONIALE AU SECOND DEGRÉ.

Il arrive souvent que les dépositions ne nous parviennent que par l'intermédiaire du témoignage; on nomme alors preuve testimoniale du second degré celle qui tend à établir, non pas le fait allégué, mais seulement un témoignage précédent.

Loysel a dit depuis longtemps et le bon sens disait avant lui : *un seul œil a plus de crédit que deux oreilles n'ont d'audivi. Ouïr-dire va par la ville, et, en un muid de cuider, n'y a point plein poingt de savoir.* Aussi, ne devrait-on jamais recourir aux preuves du second degré, quand celles du premier ne sont pas épuisées, ni appeler de seconds témoins pour reproduire la déposition des premiers, tant que ceux-ci ne sont pas morts ou dans l'impossibilité de déposer ; on comprend, de plus, combien il est facile de prêter un récit à un mort par lequel on ne sera pas démenti ; combien un témoin du second degré devra être grave pour mériter d'être cru, et combien sa déposition s'affaiblira en s'éloignant du témoignage primitif.

L'ancienne jurisprudence rejetait le témoignage *ex auditu alieno*, à moins que le témoin du second degré n'eût appris le fait de témoins oculaires ; qu'il nommât ces témoins, qu'ils fussent plusieurs et dignes de foi ; qu'il fût impossible de les entendre eux-mêmes. Ces conditions ne sont plus exigées aujourd'hui que par le bon sens du juge ; mais si, dès l'abord des faits dont une partie demande à faire preuve, ne reposent que sur des ouï-dire, cette partie doit, en général, être déclarée non recevable.

Si, par exception, le législateur autorise cette preuve vague et arbitraire, c'est comme la ressource extrême des intérêts sans défense. La femme mariée (ou ses héritiers) quand le défaut d'inventaire des biens qui lui sont échus, compromettrait ses intérêts (Cod. Nap., 1415, 1504) ; les héritiers du conjoint prédécédé, lorsque le survivant n'a pas fait inventaire de la communauté (Cod. Nap., 1442), peuvent s'en rapporter au té-

moignage de l'opinion publique ; sans doute, des héritiers majeurs seront en faute pour ne pas avoir provo-
qué la confection de l'inventaire, mais l'article 1442
n'étant pas spécial aux mineurs, le droit qu'il consacre
appartient à tous les héritiers, sans que nous ayons à
faire entre eux des distinctions que le législateur ne
fait pas. Par identité de motifs, nous étendrions volontiers le bénéfice de l'article 1442 à tous les cas où l'in-
curie d'un administrateur légal met des mineurs ou des
interdits dans l'impossibilité de se procurer la preuve
régulière de leurs droits ; partout, en effet, la loi est
au moins aussi favorable aux mineurs qu'aux femmes
mariées ; pouvait-elle être indulgente à l'égard du comp-
table peut-être infidèle qui ne produit pas même une
justification légale pour décharger sa responsabilité ?

Mais il serait abusif d'étendre la preuve par commune
renommée aux cas où tout autre moyen plus régulier
serait possible, et à plus forte raison aux cas dans lesquels un écrit est nécessaire.

La possession immémoriale se constatait autrefois sur
le dire de témoins ayant eu connaissance *de visu* des faits
de possession pendant quarante ans, et ayant appris
l'existence antérieure de cette possession de la bouche
de leurs ancêtres qui en avaient été témoins : mais
comme il fallait être âgé d'au moins quatorze ans pour
être réputé avoir eu sérieusement connaissance des faits,
aucun témoin ne pouvait déposer de la possession immémoriale s'il n'était âgé d'au moins cinquante-quatre
ans. Dans les cas où le Code Napoléon permet encore
d'établir, en prouvant la possession immémoriale, des
servitudes anciennes (art. 691), les témoins ne sont donc
pas recevables s'ils n'avaient au moins cinquante-quatre

ans lors de la promulgation de ce Code. Jamais, à coup
sûr, la preuve de la possession immémoriale n'avait
mieux mérité son vieux nom de *piscatio anguillarum*.

Au reste, dans tous les cas où est admise la preuve
par commune renommée, elle devient aussi légale, aussi
décisive que toute autre preuve : il serait aussi contraire
aux lois d'en restreindre la portée, que de l'appliquer
d'une manière générale.

———

Si, pour terminer cette étude théorique de la preuve
testimoniale, nous nous demandons sur quelle base repose l'appréciation de cette preuve, nous n'en trouvons
pas d'autre que la sagesse et la religion du juge : un seul
témoignage pourra lui suffire pour condamner ; l'accord
de plusieurs dépositions pourra ne pas l'empêcher d'ab-
soudre ; il se formera une conviction, d'après les qualités
physiques ou morales des témoins, les circonstances
dans lesquelles ils se sont trouvés par rapport aux faits
dont ils déposent, la physionomie des dépositions elles-
mêmes, et cette conformité des témoignages qui suppose
nécessairement la vérité. La loi ne lui trace pas de règle
précise parce qu'elle l'établit souverain ; en prononçant
l'arrêt que lui dicte sa conscience, il n'obéit qu'à la
raison, à la prudence et à la justice.

Au reste, nous l'avons assez dit et l'exposé de notre
législation en est l'éclatante démonstration, le règne de
la preuve testimoniale est passé ; c'est au dernier rang
que le législateur l'a reléguée ; à la preuve testimoniale
en effet seront préférés en règle générale : le serment
décisoire et la présomption de droit absolu d'ordre public

qui n'admettent jamais la preuve contraire ; l'aveu judiciaire, qui ne l'admet que dans un seul cas ; les autres
présomptions de droit, la preuve littérale, l'aveu extra-
judiciaire, qui la supposent toujours ; à peine l'empor-
tera-t-elle sur les présomptions de fait, plus capables de
donner une probabilité qu'une certitude, et sur le serment déféré d'office qui n'est, à vrai dire, qu'un commencement de preuve.

Refusée au-dessus de 150 fr., proscrite en présence
d'un acte régulier, à moins qu'elle ne s'appuie sur un
commencement de preuve écrite, qu'il n'ait pas été
possible d'obtenir ou de conserver un écrit, ou qu'il ne
s'agisse de matières commerciales, elle est admise au-
dessous de 150 fr., si un acte n'a pas été dressé. Ecartée
pour certains louages de choses, pour la transaction,
l'antichrèse et quelques autres contrats ; tolérée pour
suppléer aux actes de l'état civil ou à leurs lacunes,
mais sans force en présence de registres intacts et réguliers ; admise à défaut de toute autre preuve pour
constater le mariage et la filiation, la preuve testimoniale est considérée partout avec méfiance ; à peine se
montre-t-elle plus libre devant les tribunaux criminels
(elle qui, si souvent, est le seul moyen d'arriver à la
constatation, c'est-à-dire à la répression des crimes !)
car l'exclusion que prononce le législateur est indépen-
dante de la nature et du rang des tribunaux appelés à
décider.

PROPOSITIONS.

———o—o———

DROIT ROMAIN.

I. Celui qui usucape une chose ne peut, par cela seulement, faire disparaître de cette chose les hypothèques ou autres droits réels dont elle est grevée.

II. La *condictio indebiti* reposant sur cette idée que nul ne doit s'enrichir aux dépens d'autrui, doit être accordée, même à celui qui a payé l'indû par erreur de droit. (L. 10. D. 57, 1.—L. 2. D. 58, 15).

III. La tradition de la chose vendue faite à l'acheteur par le propriétaire de cette chose, ne suffisant pas toujours pour transférer la propriété, dans l'hypothèse d'une vente sans terme pour l'acheteur et sans garanties à ce sujet, quoiqu'il y ait tradition, tant qu'il n'y a pas paiement, le vendeur reste propriétaire et peut revendiquer.

IV. L'action de vol étant motivée uniquement par l'intérêt de la personne qui l'intente ; non-seulement, dans certains cas, elle n'est pas exercée par le propriétaire de l'objet volé, mais il peut arriver qu'elle soit exercée contre lui.

DROIT FRANÇAIS.

(Code Napoléon).

I. Après trente ans, à compter du jour du décès, l'héritier, qui n'a pris aucun parti, est seulement déchu du droit de prendre le parti qui pouvait modifier sa situation, en l'améliorant : de la faculté de renoncer s'il était saisi de la succession, de la faculté d'accepter s'il était dépouillé par une renonciation (art. 789).

II. Les donations faites entre futurs époux, par contrat de mariage, sont révocables pour cause d'ingratitude (art. 959, 1818, 299).

III. Le légataire à titre universel, de même que le légataire particulier, n'a droit aux fruits qu'à compter du jour de sa demande en délivrance du legs et non du jour du décès, quoique sa demande ait été formée dans l'année du décès. (1014, 1018).

IV. La dot mobilière est aliénable.

V. La séparation de corps non suivie de réconciliation emporte, de plein droit, à l'égard de l'époux contre lequel elle a été prononcée, la révocation du testament fait en sa faveur par l'autre époux.

DROIT CRIMINEL.

I. Le délit manqué n'est pas punissable lorsque le mal matériel ne s'est pas produit à cause de l'inefficacité du moyen mis en œuvre par l'agent ; mais un provocateur est punissable s'il n'a révoqué les ordres qu'il avait donnés pour exécuter un délit que lorsque ce délit était déjà consommé à son insu.

II. Le désistement du plaignant ne peut pas éteindre ou arrêter l'action publique, dans tous les cas où le ministère public ne peut agir que sur une plainte de la partie lésée.

III. Lorsqu'une demande en dommages pour la réparation d'un délit est portée devant les tribunaux civils, le défendeur sera protégé par la prescription criminelle si elle est accomplie.

DROIT ADMINISTRATIF.

I. En matière de mines, les lois sur l'expropriation ne s'appliquent qu'à la dépossession du concessionnaire et non à la concession faite à un tiers, au préjudice du propriétaire du sol.

II. Lorsqu'une personne expropriée pour cause d'utilité publique vient à mourir après le jugement qui prononce l'expropriation, mais avant la prise de possession et le paiement de l'indemnité qui lui est accordée, c'est aux légataires des biens mobiliers et non à ceux des immeubles que l'indemnité appartient.

III. L'usinier ne peut, sans autorisation nouvelle, reconstruire son usine si elle a été détruite par un événement de force majeure, ni en dénaturer l'exploitation (par exemple, convertir un moulin à blé en filature), même sans changer la dépense des eaux.

IV. Il y a excès de pouvoir de l'autorité judiciaire, lorsqu'elle autorise, par voie possessoire, la mise en mouvement d'usines, dont l'administration a ordonné le chômage ou prononcé la destruction d'une usine non autorisée.

PROCÉDURE CIVILE.

I. En général, lorsqu'une enquête doit être recommencée, la réparation du préjudice causé par la nullité de l'enquête précédente devant être stricte, il ne doit pas être permis à la partie de faire entendre de nouveaux témoins.

II. La loi de 1838, qui attribue aux juges de paix la connaissance des contestations relatives au paiement des loyers, ne s'applique pas aux concessions emphytéotiques temporaires.

III. La demande en péremption n'est pas susceptible d'être périmée à son tour.

DROIT COMMERCIAL.

I. En matière commerciale, le Code Nap. doit être appliqué comme loi dans tous les cas qui ne sont pas explicitement ou implicite-ment résolus par le droit commercial.

II. Lorsqu'une société a reçu un commencement d'exécution, la nullité, en cas d'inobservation des formalités, n'a d'effet que pour l'avenir.

III. La faillite d'une société en nom collectif, entraîne, de plein droit, la faillite des associés.

Le Doyen de la Faculté de Droit,

LAURENS.

Vu et permis d'imprimer :

Pour l'Inspecteur-Général empêché,

L'Inspecteur de l'Académie,

L. BARIC.

Imprimerie Gibrac Ouvriers Réunis.

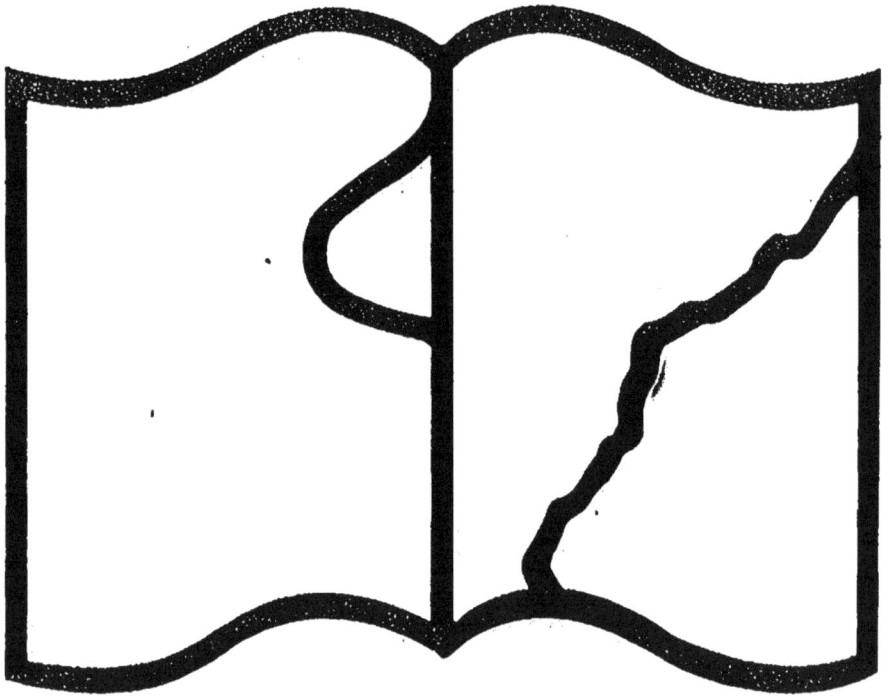

Texte détérioré — reliure défectueuse

NF Z 43-120-11

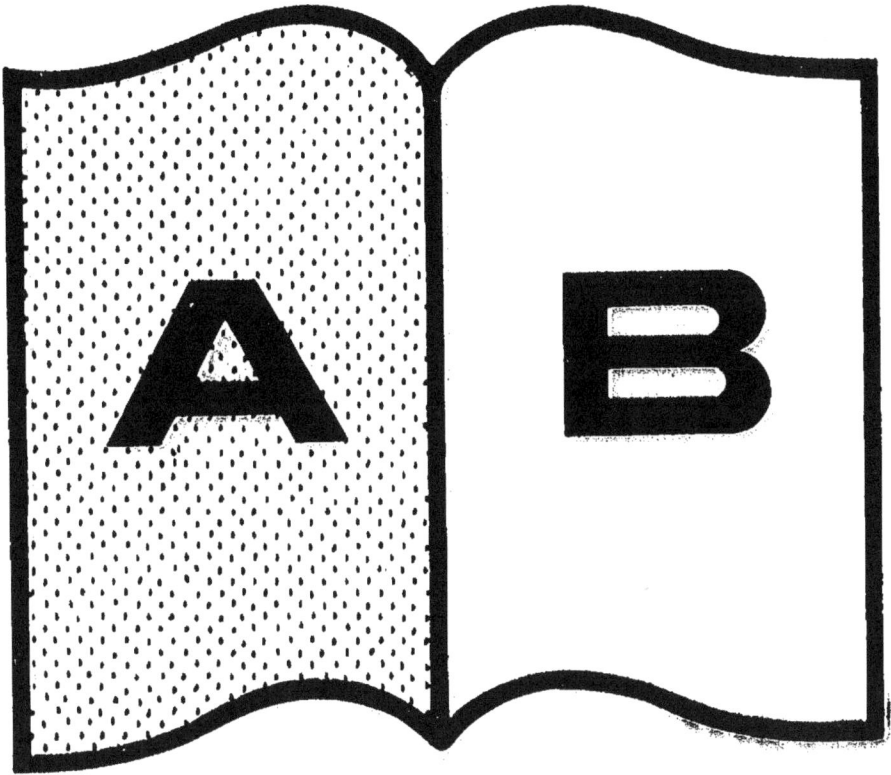

Contraste Insuffisant

NF   A   12 1

www.ingramcontent.com/pod-product-compliance
Lightning Source LLC
Chambersburg PA
CBHW072344200326
41519CB00015B/3650